U0001570

# 獲利冠軍的價值股交易法則

挑對主流產業的業內人選股門道，
跟著全球主力的投資邏輯順勢買賣，
安心布局致富未來

資深國際機構投資人

## 金兌洪 김태홍/著　李于珊/譯

前言

投資，是名為「人生」
的馬拉松

　　春暖花開的春天到了，距離我動筆撰寫這本書已經過了一年，本書並非是為搭上股市熱潮的順風車而急於寫下的書，而是在忙於工作的同時，利用個人知識和經驗，將這些對投資有幫助的文章，像日記一樣寫下彙整而成。一開始撰寫這些文章的契機，也是為了要幫助踏入基金經理人行列的後輩們，以「基金經理人指南」為題開始的。

　　接著覺得應該分享更廣泛的投資心法，給日以漸增的散戶投資人、夢想成為基金經理人的學生等等，那些對股票投資有興趣與熱情的人，**讓投資人能夠達到「不會虧損的投資」，才是更加有意義的。**最終從有效的投資理論與企業分析方法開始，到對實戰有幫助的投資人心態調整、危機處理方法……等，都全面涵蓋其中。

　　因此，本書對投資入門者來說，多多少少有需要深入研讀的部分，但已盡力將我從業以來超過二十年的心法，用最簡單的方式呈現。「實戰心法」是以實際的經驗為基礎，好好銘記在心且實踐的話，會有很大的幫助；書籍後半部的「理論篇」，雖是需要一般散戶投資人慢慢閱讀後再實際運

用，但比起生硬的紙上談兵，更接近實戰應用，且因為清楚一般散戶投資人的投資與分析水準已經相當高，我在精進理論上也不遺餘力地進行。

如果要舉出本書與其他大多數的股票投資書籍不同切入點的話，就是我努力想要在理論上探討投資基礎要素組成的同時，也在實證上去支持這些觀點，**並且強調不只是現在正在發生的現象，十年後再把這本書拿出來看也能適用**，如同投資基本原則的這種基礎內容。

我並未在書中提及閱讀圖表的方法或技術分析，當然是因為對我而言，有沒有圖表分析的能力並非重點，**反而是「投資人心理」這一點非常重要**，所以加入能提升成功機會的投資人心態、能穩定獲利的思考方法這樣的內容。

股市就是即使得知同一檔有潛力的個股後、同時展開投資，也會根據投資人心態的不同，而產生天差地遠的結果。雖然每個人的心態或個性無法改變，但是希望各位一定要學到這些能在股市提高獲利機率的要領。

像桌球或網球這樣的運動，任何人在第一次時都會覺得生疏又困難，但如果經歷上課以及練習的過程，就會感到明顯進步。本書只能說是「上課」，無法幫助各位「練習」，最終還是取決於各自的努力，從課程中萃取出適用於自己的原則，且必須時時檢討自己是否能好好遵守這些原則。

與球類運動進行時、不知道對手會將球打向何處不同，股市在一定程度上是可以被預測的，股價雖然可能會搶先於基本面或無趣地跟在基本面之後，但它脫離不了企業的本質。

我看過很多投資人後悔太早賣出股票，或在收益率充分升高時沒有賣出，最後反倒吐回收益的情形，因為這超越單純的估值，而是還要跟企業的循環週期一起觀察，這並非易事。**本書將提出對於何時要賣、何時要買的實際方法，以及對估值的全新解釋，並且也會探討企業基本面、產業循**

環，以及在與總體經濟的交集中，更先一步地抓住動態移動中的股價的方法。

　　投資股票已久，但時常覺得每次都是全新的挑戰。企業就像生命一樣會持續成長，能成長多少就是創業者與股東的部分了。看看過去曾虧損十年以上的亞馬遜和特斯拉，雖然對於傑出企業而言，好的技術和人才都是必要的，但股東給予的養分（投資）能成為更大的力量，若能經由各位精準的投資，在國內也能產生很多能持續百年以上的世界級企業的話就好了。

　　投資就像名為人生的馬拉松，好像已經跑了很遠的一段路，但之後路程的不確定性仍讓人期待萬分；即便如此，我覺得好的經驗越多，就越能用享受的心態繼續這個旅程。希望讀者盡可能地將我二十年以上的心法與精華，以一頓晚餐的價格好好地全都吸收進去。

　　祝福有更多讀者能站上名為「股票投資」的階梯，並且越爬越高。


Growth Hill 資產管理公司 金兌洪

**PRAT** **1** 投資的基礎知識篇

## 第 **1** 章

# 投資之前，一定要學會的獲利思維

## 第 **2** 章

# 大師的買賣實戰基本課

PRAT  投資的實戰理論篇

## 解析政策與指標
## 如何反映漲跌

# 第4章

## 前景產業的條件

# 第5章

## 6種「穩賺公司」的類型

## 第 6 章

# 獲利專家的 5 個
# 企業分析技巧

## 第 7 章

# 估值——
# 這家公司的股票，值多少？

第 **8** 章

# 「存股息」和「賺波段」，都想要！

第 **9** 章

# 建立多元的投資組合

**PRAT**

# 1

# 投資的基礎
# 知識篇

# 投資之前，
# 一定要學會的
# 獲利思維

# 「投資好公司」是最棒的炫富

　　隨著最近股票投資人的類型越來越廣，從學生時期就開始投資的投資人也大幅增加，這是非常正面的現象。大家都知道在投資中複利帶來的效果很大，這裡就省略說明，但最受惠於時間所帶來的正面效果的那群人，就是這些盡早開始投資的投資人。

## 🏢 心態正確，投資股票一點都不危險 !!

　　但在開始投資前，我們要先打破「股票投資很危險」這個觀念。股票很有可能虧損，變動性也比其他資產來的高是事實，但是建立原則且踏實地學習的話，它也是最有魅力的資產，偶爾會看到藝人們在電視上說到自己投資股票賠光資產等負面故事，這是因為投資方式錯誤的緣故。

　　投資經驗多的投資人有可能比起經驗少的菜鳥更懂交易股票的技巧，但長久投資股票且經歷多次循環期，並不代表很懂得如何以投資股票獲利。有著豐富經驗且有正確投資習慣的人，成功的機率才會更高；投資超過十

年，卻沒有累計一定收益的話，那可能就是投資方法有問題。

韓國綜合股價指數（KOSPI）在過去三年成長 50%，在過去十年成長兩倍以上，如果收益比這個還少的，就有必要好好回想自己是不是只跟著短期的消息去投資，或忙於用線圖去做交易。

參加各種投資時，你覺得勝率最高的是哪個？就是股票市場。賭場的勝率是 45%，樂透彩券的勝率比被雷打到的機率還低，與此相反，股市以 KOSPI 來說的話，勝率在 70% 以上，而美股指數的勝率則達到 80% 左右。

投資期間的基準難抓，以上的勝率並不能說完全正確，但過去三十年間，股市上漲年度的比率（上漲次數／整體次數）就是這樣說的；舉例來說，若在兩～三年前開始投資 KOSPI 和美國 S&P500 指數，應該不會有虧損。**股價雖經過多次的盤整過程，但最後也不免仍持續又持續地創新高。**我們也知道那些在 1998 年亞洲金融危機、2008 年美國次級貸款導致的金融危機，以及近期這幾年因 Covid-19 疫情等大型危機狀況之前，曾投在高點的人們，只要到現在都還能持續投資，就仍正在創造收益。

當然，因為比起指數，投資在個別個股的人們更多，每個人的收益率差異也大。个久前，每日經濟日報發表對各年齡層與性別的投資人進行收益率相關的統計調查，從結果來看，20 ～ 29 歲的男性收益率最低迷，當時在調查期間指數上漲的 20%，但他們平均只停在 3% 的收益率；相反地，30 ～ 39 歲女性則有著 14% 的高收益率。

看起來這不是因為幾個投資就能夠影響的結果，最大的關鍵在於投資態度的差異。20 ～ 29 歲男性因為年輕、投資的資金少，想追求高收益率，因此投資周轉率是最頻繁的；而成熟女性們相對周轉率較低，就算是不多的收益率也能感到滿足。如果對自己過去的投資結果無法感到滿意的話，為達成成功的投資，需要改變投資人的習慣和心態。

## 💹 說穿了，就是把錢放在 「會賺錢的公司」

**股票投資並不是依賴股票線圖的交易，而是要投資於該企業的未來，**
因此應該要選擇自己熟悉的優良企業、產品和服務都令人滿意的企業、比
起其他公司更有競爭力的企業這樣的個股，抱持著成為該企業的股東（主
人）的想法後開始投資。

除此之外，還必須要抱持著「能向別人炫耀自己成為該企業的股東」
的心態。年紀輕輕能買下跑車或名牌的確是值得炫耀，這是對於自己努力
賺錢的一種炫耀；Meritz 資產管理的 John Lee 代表，總是對年輕人強調「不
要把錢花在買進口車上」。明明是能令人警醒的一句話，但因為人類天生
的本能就是會在炫富（炫耀）中感覺到幸福，所以也阻擋不住。那我們稍
微改變觀點，把炫耀的對象換成股票如何？比起最終隨著時間流逝、價值
會越來越往下掉的高價奢侈品，我想推薦大家來炫耀自己是價值持續上升
之企業的股東。

在 Google、蘋果等平台獨霸的世界中，會有出來挑戰的全新強者嗎？
在未來，元宇宙平台真正的勝利者會是 Facebook（Meta 平台）嗎？微軟會
復活嗎？從旁看著年輕人們針對美國尖端產業和企業所展開激烈的討論，
我覺得這才真的是很帥氣地炫富，希望他們之後能再用成功投資所賺到的
大錢，在中年時買下比跑車更高一階的超跑。

誰知道呢？到時搞不好開的就不是越開價值會越往下掉的中古車，而
是限量版的車款。而法拉利的限量車款雖不是人人能買，但它的價格卻是
能隨著時間經過而越來越高的。

獲利
思維

如果你覺得伊隆・馬斯克賺錢的能力比自己更傑出的話，那就買進特斯拉的股票，如此一來，不論現在擁有的財富有多少，未來財富增加的速度，將會和馬斯克增加財富的速度一樣。能依照自己的意志選擇是否要站上巨人的肩膀，這種好處哪裡找？接下來，就請各位讀者一起來研究誰是最高的那位巨人吧！

# 同一支股票，為什麼
# 有人賺飽有人賠慘？

　　我的職業雖然是股票專家，但並不會跟身邊的人談論股票，老實說這是因為很難把每件事都記得清楚，且售後服務也很麻煩。通常我會舉出前景看好的產業，讓對方去買進產業領頭羊的個股，大部分的人會去好好選擇領頭羊個股，縱使股價下跌也能將被埋怨的機率降到最低，這是因為對方若有自行研究後、再開始投資的話，賣出時也是能獨立作出決策的緣故。

## 經理人推薦的好股票，
## 獲利率卻相差 210%？

　　即便如此，在 2020 年夏天，我向有投資股票的好友們推薦了一支個股「DI」。這是一間擁有紡織事業與鋁箔事業部門等，於 1955 年成立的企業，它的股價相較實質淨資產價值被低估約 30% 的水準，讓我感到安心；該企業持有在三成洞現代百貨對面大馬路邊約 1,200 坪腹地上的建物，前往進行企業探訪時，發現大樓後面自有停車場甚至還是露天平面停車場。其實

單純只因為是資產概念股的這個原因，無法催動股價上升，但會關注這個企業的理由是因為它擁有生產充電電池材料中所需的鋁箔，這是個有成長前景的事業體。

此外，我確信它的資產價值也能夠支撐股價，所以告訴了三名友人這家企業的投資魅力，並設定目標股價為當時股價的兩倍。

朋友們全部買進了，但是果然價值投資還是需要許多耐心，該企業的股價曾比起買入價下跌到最多 15%，雖然沒過幾個月再次回漲，但到股價真正算上漲也已經過了約三個月的時間，當時指數與其他主題概念股都在上升，像口香糖般黏著不動的這檔股票也讓友人們感到痛苦，但是約從買入後的三個月起，證券商分析師開始將之納入投顧報告，股價開始上漲，最後原本該公司的股價是 8 萬韓元，在六個月後上漲了兩倍以上，到達 18 萬韓元。

那麼，讓我們來看看這三位友人的成績單。其中任職於金融公司，對股票多少擁有專業性的 P 先生，在一個月後股價上升 10% 那天全數賣出，後來他也覺得非常可惜，但他轉為買進其他個股，因此整體收益率還可以。第二位 K 先生自己在做生意，在股價下跌時問過我一次「不賣沒關係嗎？」後，仍繼續持有，最後以 70% 的獲利了結。

最後是經營中小企業的另一位 K 先生，在寫這篇文章當時他仍持有這檔股票，我當時也讓全權委託的客戶投資這檔股票，最後在收益率到達 220% 時，將大部分的部位進行獲利了結後，我聯絡了 K 先生。

我問他，這時收益率已經很高，現在賣出也沒問題，為什麼還不賣出、選擇繼續持有呢？後來才知道，**對於這間企業可供出售的工廠位置與同業相關新聞，他全都研究透澈後，比我更確信這間企業的價值。**最後 Dong Il 的股價上漲到 38 萬韓元，雖然不知道最終賣出在哪個價位，但持有股票最

久的 K 先生，他的收益率結果最好。

　　從這個真實的小故事中發現，即使同樣明確告知相關資訊，但依投資人的不同，其結果也截然不同。最先賣出的友人，因為比起該企業的詳細資訊，他只接收到推薦人給出的結論，因此當股價動盪時就無法撐住；最後賣出的友人，在我提供的基礎分析上，加上自己的努力和堅持，最終迎來好的結果。

　　當時我所記取到的教訓就是，唯有努力且堅持的投資人才能吸引到更多的錢，能讓股票投資成功的品德有很多項，但透過這個例子是要強調投資人的沉穩和研究的重要性。

獲利
思維

如同企業努力運作才能賺回更多的錢，投資人也需要努力，那個努力就是「忍耐」與「研究」。

# 投資股票時，
# 最大的敵人是自己

　　際投資後，會發現存在許多妨礙正確投資的難關。舉例來說，有太多混亂的投資訊息，即使等待已久的好消息新聞出現，但股價還是馬上下跌，或者是股市變動性常常很大，所以參與者即使想冷靜地投資，也有太多外在誘惑。收益率上升後賣出的話、股價又更往上漲，動搖人們的心，但撐著不賣出的話，又再次下跌陷入後悔的心情──這是包含我在內的所有股票投資人都至少經歷過一次且無法避免的投資特性。因此參與股票投資時，要如同踏上朝聖之旅的人一樣，必須帶著堅定的心態。

## 問問自己，
## 為什麼敢買這支股票？

　　那麼基本上，為了提高投資成功機率，必須要具備的心態是什麼呢？**首先就是對於自己想投資的企業，一定要有明確的理解和（想投資的）理由**，若只聽周遭友人推薦個股的幾個資訊就貿然買進的話，那就會因為

沒有何時賣出的標準，而不得不依賴當初提供資訊的人；若不幸那人也不是對該企業瞭若指掌的內部人士，也不是經常會聯絡的人，在所投資的企業股價大幅震盪時，就會成為迷路的小羊。且過於依賴內部人士的訊息，可能會有違反企業資訊公正公開的疑慮，即使是內部人士也得多加小心。

最終在投資時，為了讓自己能夠獨立進行判斷，需要對該企業有更多的理解和研究。舉例來說，休假期間準備去國外旅行時，我們也會花好幾天調查蒐羅當地的美食餐廳和觀光資訊後才出發；那麼回過來想，賭上自己的錢所做的投資，不也應該用同樣的努力去開始嗎？因此最基本的「為什麼要買這檔股票」，**至少要能說得出三個理由比較好。**

過去我在資產管理公司擔任基金管理人時，曾與其他同事們互相交流許多內容，當時比起現在是更充滿熱情的時期，如果挖掘到前景看好的個股，就會積極地向同事進行說明。其中也包含競爭者，也有證券商的分析師，重點在於我在說明該企業的過程中，似乎就能夠提升自己確信的程度。

舉例來說，有家 A 企業的股價好像能夠上漲兩倍，理由是其前端產業正在成長，且在競爭強度走弱的狀況也依然選擇增設，那麼這間企業獲利不就只能向上成長了嗎？像這樣以（1）、（2）、（3）要點的方式進行說明，在過程中對於自己感覺不足的部分就再次去尋找答案，對方的提問或相反的論述，也有助於補強不足。

可能也因為如此，若有人推薦我個股時，無法明確列出一定要買進的理由，那我就會聽聽就好；像這樣好好地向他人說明自己投資要點的練習，是非常好的投資習慣。

## 對抗「看到下跌就想脫手」的人性本能

但是經歷這樣的過程，所投資的股價也並不會輕易上漲。投資真的很難，即便慎選後再投資，股價也可能因為無法預測的壞消息或供需影響而下跌。我所選擇投資的股票，到底是被什麼向下拉的重力法則影響，艱難地上漲後又很輕易地就下跌？像這樣的經驗，我自己也經歷過很多次。

投資，其實需要與人類本能不同的特質。人類在發生可怕或恐懼的事情時，自然就會想逃跑或避開。小孩從出生起就很容易感到害怕的理由，也是受到「不管如何先避開再說」這種存在於 DNA 中的驅動體系影響，就算對閃電與打雷感到害怕與恐懼，也會在長大後學到，這在機率上這並不是那麼地危險。

即使我們擁有這樣的危險應變本能，但在投資股票時，所有的事都需要反過來行動。在自己投資的企業是優良個股的前提下，如果發生市場風險導致的下跌，不能因為害怕就拋售，反而需要進行與人類本能反向的思考，戰勝壞消息與恐懼的訓練。**優秀的企業當股價下跌時，反而是能用划算價買進的機會，不是嗎？**

## 大部分的危機，都會成為逢低買進的時機

即便如此，在自己的股票下跌時內心仍然感到沉重不安的話，建議就徹底把關注重點集中到企業價值上，如果持有絕對不會垮的企業的股票，就不會那麼害怕，但反之則會加深股價下跌的擔憂。舉例來說，像三星電

子這樣的股票，在大盤下跌即使也跟著下跌，仍能以自己績效的力量，帶動股價的恢復。

股市以兩種風險組成，第一是被稱作「系統風險（Systematic Risk）」，就是股市自己的風險。這指的並非是因為該企業做錯什麼決策而導致股價下跌，而是指像 Covid-19 或戰爭爆發、全球景氣衰退、流動性減少這種，讓整體股市下跌的風險。第二則是「非系統風險（Unsystematic Risk）」，是企業自己的風險。我們無法避開系統風險，無法得知危機何時會突然到來，通膨的預測也是，或是美國聯邦準備委員會（Fed，聯準）主席會如何改變心意，這些我們都難以得知，但是相比之下，我們較能得知的是所投資的企業本身是否會發生非系統風險。

**知道企業的競爭力與商業模式，就可以預測一、兩年的績效，如果將注意力集中在企業本身，就能降低許多風險，也不用害怕股價下跌**；在前一章也曾提到，經歷危機後的股市總是會往上漲的。到頭來就算是美國信評降等，或開始首次升息的這種貨幣政策方向改變，又或是企業突發的意外等等無數的利空消息，隨著時間流逝回頭來看，會發現正是低點買入的好機會。

只要不是所投資的企業競爭力下滑這種經營結構上的理由，危機大部分都會成為轉機，最終能活用這樣的機會，透過逢低追加買進以建立有利的成本價格。至於在什麼情形下，要追加買進或不要出手，技術上的部分會在後面的章節詳細說明。

獲利
思維

投資股票必須要與「迴避恐懼」的人類本能反其道而行，投資的
選擇需要對企業有信心後，獨立進行決策判斷，這樣的信心是能
對抗股價下跌的恐懼時最大的力量。不管什麼理由，股市下跌就
是便宜買進優良個股的好機會。

# 清楚設定「獲利多少」和「持有多久」

　　任何人在開始投資股票時，都各有自己的目標。我在年輕時的投資目標，就是快速多賺錢，但比起模糊地說要多賺錢，把目標具體化時，就可大幅提升確實獲利的機率。

　　面對投資時，希望大家能從做好下面這些準備開始。這就像打高爾夫球時，姿勢上，要先看準方向後再站定，球桿長度要選擇哪支，想像著球掉落的距離同時揮桿，都是一樣的道理。

## 目標是獲利多少？設定收益率 20% 合理

　　投資股票時若能賺到越多當然是最好的，但這是指超過 KOSPI 指數的收益率？還是指比身邊有在投資的友人賺得要多？每個人的基準都不一樣；依照自己的目標去設定，大概一年的期間內想要賺多少的目標收益率是很重要的。

　　舉例來說，三十年來平均 KOSPI 的年收益率大約是 12%，雖根據年紀和投資屬性多少有些不同，**但保守的投資人可設定比 KOSPI 平均稍高的 15%，積極的投資人可以設定 20% 的目標，都是合理的。**

　　例如，在 2020 年時，也有些投資人賺到 100% 之多，反而讓市場可能顯得有些可笑，但因為市場也是會有下跌的年度，且個別個股的變動性大，平均收益率 20% 就已經是非常優秀了，如果 10 年來都能每年重覆這樣的收益率的話，搞不好就能開一間類似華倫 ‧ 巴菲特（Warren Buffet）的資產管理公司了。

　　當然也不是說達到自己的目標收益率後就停止投資，景氣循環上升期結束前，都應該要持續投資，但因為我們能夠得知何時是週期的開始與結束，所以建立自己的標準是很重要的。在投資個別個股時，比起股市的上升力道，更應該先設定該企業的目標價值後再投資比較好；這個目標股價不需要是證券商報告中的目標股價，只要是自己覺得的合理價值即可，判斷的方法之後會再提到。

　　如果已經達到目標收益率的話，就可轉向以下這種不虧損、同時又能一點一點追加獲利的保守策略。舉例來說，**降低變動性較大的中小型股的比重，提高雖然上漲速度較慢，但下跌風險較低的大型優良股或高殖利率股的比重**，會是不錯的方法。

　　希望大家能好好掌握各自的投資屬性，找到只屬於自己的目標收益率。作為參考，我曾經歷不少次在到達自己的目標收益率、應該賣出時沒能賣出，反而在下跌時把收益都吐回的慘痛經歷。

## 投資多久要看到成果？設定投資期間

設定投資期間比起設定目標收益率更重要，因為實際收益率沒辦法隨心所欲去決定，但投資期間卻是自己可以控制的。

從統計來看，資金在投資期間較寬裕的情況下，比起投資期間較緊繃的情況，其收益率會更高。這裡單純是就同一時期收益率做比較，並不是在討論複利的效果。六個月後就要變現的資金，對於短期內虧損的忍耐力，當然就低於兩年後再變現也無妨的資金，**每個人對於資金計畫與對下跌的恐懼雖然都不同，但如果選擇投資優良企業時，長期投資大多還是有利的。**

我曾任職的美國公司富蘭克林投信以價值投資聞名，當時身為亞洲區總裁且管理資產達到 40 兆韓元的馬克・莫比烏斯（Mark Mobius）博士，曾因為對所有投資人的提問都採同一種回答而遭到非議。

「博士，何時該買進股票呢？」

「是，就是現在。」

後來當股市大幅下跌後，那位投資人又再次提問。

「博士，現在景氣也不好，股價也下跌了，應該賣出嗎？」

「不，現在更應該多買進啊。」

「那時你不是也叫我買進嗎？」

「是的，更具體地來說，只要有錢的時候就都要買進。」

提問的人聽到後覺得很生氣，就離開了。

莫比烏斯博士分享這個故事，只為了強調即使不知道市場投資時機，最終股市在經歷盤整後仍會持續上漲的這點。

我不是這樣的大人物，只是一個韓國的客製型基金管理人，所以多少

仍得推薦一些人們能接受的具體策略。

股市有週期，這是因為在景氣變差時，政府會採取擴張的財政政策以活化景氣，在經歷景氣恢復後走向過熱的後半場時，企業的過剩投資與供給又會再重複地將景氣推往停滯的循環週期中，這個週期每十年一輪，短的話也會到每五年一輪。然而因為我們不能明確地區分出週期的開始與結束，在大的上升週期間，能跟得上 70% 左右的話就已經是相當成功了，判斷這種週期的基準就是利率和物價，請參考後面會提到的理論部分即可。

我雖然建議各位在頭腦因老化而無法明確下判斷之前，都要持續投資股票，但依市場的週期變動，投資股票的比重，也要彈性調整比較好，比方說從金融資產的 50% 下調到 20%。作為參考，韓國股價上漲下跌的週期約為三～四年。

## 積極？保守？
## 用符合個性的方式投資才會長久

在進行股票投資時，也會發現自己的「屬性」。每個人的個性和對風險承受度都不一樣，很難說怎麼做是最好的，最後是要透過實際投資，才能知道自己最擅長的部份以及最舒適的方式，能夠意識到自己的長處和短處，對於投資人來說是很重要的。一般來說，投資人可以分成三種類型：

**（1）動能型：**這個類型集中在有好消息的企業上，出現訂單新聞或熱門主題時，很快就會發現且跟著投資，或是比起估值，覺得提升該企業績效的動能更重要。在韓國，動能型投資人相對較多。

**（2）價值股型：**這個類型會偏好投資相對在現金流或商業模式較穩定，且為被低估的企業個股。多為股價彈性雖低，但卻能穩定創造收益，配息

也很穩定的企業。

（3）**成長股型：**這個類型偏好未來技術或高度成長的企業群，即使現在獲利少但未來獲利能大幅成長的企業。即使 PER 高，變動性高也沒關係，偏好長期投資。

你是以上三種類型中的哪一種屬性呢？哪一個才是好的屬性並沒有正確解答，重點在於就算是動能型投資人，也能以其他屬性的心態去努力看看的話，就可能提高投資勝率。舉例來說，價值股時常被忽略，因此股價常常是較便宜的狀態，這樣的企業若出現好的績效或新的動能時，往往都能帶來大的獲利。

相反的，最差的狀態就是例如明明是成長股型的人，卻錯誤地使用動能型屬性的判斷。成長股的估值本身就已經很高，即使有好消息或新訂單這樣的動能出現，很可能不是事實，或是早已反映在股價上，那麼這時反而會導致股價下跌帶來更大的虧損。是否有好好掌握投資組合，是否符合自己的屬性，需要自行瞭解後再做出判斷，若持續累積理論和經驗的話，隨著時間過去，就會漸漸成為一名成功的投資人。

獲利思維

開始投資股票時，最好先設定「投資時間」和「目標收益率」的基準，就算在出現意料之外的情形時，也能保持初衷，且長期來看也較能夠掌握自己的投資屬性。

# 集中投資太危險？
# 分散投資比較安全？

　　回想看看，你將錢存入股票帳戶中，最後帶著忐忑不安的心情選擇首檔投資個股的時候，都曾有剛開始只從一、兩檔股票開始投資，隨著時間過去，聽到的資訊和推薦個股越來越多，所投資的個股數也自然就增加了。

　　大概要同時持有多少檔個股比較好？要集中投資在深度瞭解的兩、三檔個股比較好？還是稍微增加到十個以上進行分散投資較有利？這是需要進行判斷的。

## 基金公司的投資特性，
## 無法只投資 10 檔股票

　　舉例來說，翻開韓國資產管理公司在管理的「股票型公募基金」組成來看的話，可以發現它們通常投資 60 檔，多則到 100 檔。從這樣來看依市值高的個股開始逐一列出的投資組合，就會得到這樣的反思：被稱為專家的機構投資人就那麼沒有自信嗎？用和股市類似的比重去投資的話，那跟

KOSPI ETF 有什麼不同？

先簡單介紹資產管理公司公募基金的系統，就能夠知道其中緣由。首先是資產管理公司的股票型基金要進行評價時，會需要用 KOSPI 當作基準，要評價基金管理績效是否良好，至少收益率要比指數還好，再透過其選擇的個股等創造出追加獲利。因此大部分機構基金，比起使用與 KOSPI 市值比重完全不同的投資組合、還得承擔可能低於 KOSPI 基準的風險，他們寧願採取慎選出在各產業中最優良的個股，創造優於市場的追加獲利的策略。

其次是因為股票型基金就像是將眾多的投資人放到同一個籃子中去管理，規模至少有數百億到數兆韓元才能操作，所以考量變現性時，是很難只集中投資幾檔個股的結構。作為參考，影響公募基金收益率最大的就是申購人加入基金的時機，也因此，近期公募基金的人氣下跌，成分股數量較少且可依客戶別進行投資的個人全權委託型商品，或散戶大軍直接進行投資的方式似乎更活躍。

## 散戶最多集中投資幾檔的 效益最高？

若詢問周遭散戶投資人的個股數量時，平均大概多落在 5~10 檔，那麼機構投資人和散戶投資人在個股集中度的層面上，何種投資方式更有效呢？會有許多假設前提在其中，但先說結論的話，**我認為集中投資在 10 檔左右的投資組合是最有效的。**

根據經濟學家哈利・馬可維茲（Harry Max Markowitz）的投資組合理論，個股越分散越能減少風險、提高期待收益，所以機構投資人會在基金中持有多檔個股，在股市下跌變動性擴大時，才能享有穩定的效果。另外

機構投資人的基金是以長期投資的假設下進行管理，因為眾多的基金投資人在買進基金的時期各不相同，因此與上漲很多與下跌很多的個股無關，主要買入的是長期下能夠贏過 KOSPI 指數的投資組合。

因為目標有著根本上的差異，投資時機可以由自己決定，在流動性上也不太會受影響的散戶投資人，就沒有理由一定要像基金般去操作，**反而要集中且減少個股數量，對於手上各個企業現況才能更深入去研究**，管理也更方便。

在投資機構裡，分析師和基金經理人至少要研究 100~200 檔個股，基金經理人們如果聽到可能會難過，像現在這樣資訊多元且透明的市場，對於企業的知識深度看起來已經不比散戶投資人還要深，只要想到他們要分析那麼多檔個股，就算再怎麼認真，也難以趕上那些只要集中分析 10 檔個股，且可隨時更新到企業相關新聞的散戶投資人所瞭解到的深度。但基金經理人的角色上仍然不得不持續研究股票，例如在保險產業或鋼鐵產業看起來沒有投資魅力時，如果這是檔能超過該產業指數而創造追加收入的企業，就還是必須要持有。

如果看投資人中的傳說人物巴菲特所管理的波克夏海瑟威基金（Berkshire Hathaway）中的投資組合，約當 5,000 億美金，如此大的基金規模中，過去也一直只有集中投資約 10 檔個股，雖然以 2022 年 12 月為準，總共約持有 40 檔個股，但 TOP10 的個股比重就占了近 90%。

看過去巴菲特的專訪，可以發現他是可口可樂和麥當勞的擁護者，他說這是平時也會常吃的速食，在景氣不佳時好像也還是能生存，所以才投資。他認為擁有獨一無二品牌的企業在面對競爭時一點也不脆弱，正如前面所看到的，在他投資組合中的企業，大部分都是對知名品牌有著壟斷地位的企業。

## 【波克夏海瑟威的投資組合內容】

| 代號 | 企業名 | 產業 | 持有比重（%） |
|---|---|---|---|
| AAPL | 蘋果 | INFORMATION TECHNOLOGY | 38.9 |
| BAC | 美國銀行 | FINANCE 金融 | 11.19 |
| CVX | 雪佛龍 | ENERGY 能源 | 9.78 |
| KO | 可口可樂 | CONSUMER STAPLES 零售消費 | 8.51 |
| AXP | 美國運通 | FINANCE 金融 | 7.49 |
| KHC | 卡夫亨氏 | CONSUMER STAPLES 零售消費 | 4.43 |
| OXY | 西方石油 | ENERGY 能源 | 4.09 |
| MCO | 穆迪 | FINANCE 金融 | 2.3 |
| ATVI | 動視暴雪 | INFORMATION TECHNOLOGY | 1.35 |
| HPQ | 惠普 | INFORMATION TECHNOLOGY | 0.94 |
| 整體 合計 | | | 100 |
| TOP 10 合計 | | | 88.98 |

資料：波克夏海瑟威（2022 年 Q4）

巴菲特之所以能夠長期創造卓越的收益率，是因為集中投資在他有信心的企業，**當然比起集中投資，能夠選出優良企業才是更重要的關鍵**，無數的大師們雖然用同樣的方式進行集中投資，但最後消失或是被遺忘的理由也正是如此。

我們都覺得自己無法像投資之神巴菲特去投資，但其實多少還是可以拾大師的牙慧，此時需要的投資紀律有以下幾點：第一、投資在自己真的非常瞭解的企業，第二、保持耐心，並且堅持這項鐵律。

看起來並不是很難，但像在 1999 年網路普及與隨著亞馬遜出現的 IT 革命發生時，以及 2021 年投資在第四次工業革命的新技術與生物技術，凱西・伍德（Cathie Wood）的 ARK 主動型 ETF 掀起旋風時，巴菲特的投資組合都未跟隨上述時期的流行。與 2019 年相比，除了蘋果的投資比重增加外，幾乎沒有改變的 BRK（Berkshire Hathaway）投資組合，大幅超前 ARK（ARK Innovation ETF）等基金的收益率。

獲利
思維

> 集中投資在 10 檔左右的個股是值得的，必備條件是得要真的很瞭解的企業，或可被預測的企業。因為之後將繼續強調這類企業，現在只要先建立符合自己的基準即可。

# 有信心的個股，
# 就加重投資比例吧！

　　有些人即使在自己看好後才投資的股票大幅上漲時，也會心生遺憾，這一定是持有比重太少。為什麼會有這樣的現象呢？從投資人的立場，這是因為沒有足夠的信心，或分散投資到其他並不怎麼好的個股上。

　　從這裡即可得知言行一致的重要性，當你相信這支股票好，且連周遭都說這是優秀好股、紛紛推薦，但最後實際投資比重卻不到 10%，或是稍微上漲就馬上賣掉的話，其實就是不夠有自信的緣故。

## 決定要買這檔股票前，
## 想想是否能清楚說出原因

　　單純地看投資過程的話，可分為對於投資的決心和執行這兩個流程。第一個是透過對特定企業的分析，獲得對其未來價值上升可能性的信心的過程。為此，選擇該企業的理由要明確，也要能看著這企業如同生命般成長的過程後進行判斷，若能對其他人清楚說明「我為什麼要投資這檔股票」

的話，可說是真的具備良好的投資態度。

如果說明時卡住的部分或是自己心生疑慮時，在釐清的同時也能夠提升對這項投資的信心；**如果在過程中感到不明確或難以預測時，這檔個股可能就不是個好的投資。**透過這個過程，需要盡快放棄自己沒有信心的企業，帶著客觀角度思考。

胳膊總是向內彎的，如果上網看各間上市公司 Naver 股東留言版，會發現有持股的人和沒有持股的人，意見差異就彷彿是兩個行星的戰爭一樣，持有股票的瞬間起，無論別人說什麼都覺得好的股票，當賣出之後（尤其是賣出後繼續上漲）常常就完全變成另一個行星的人了。像這樣即使受到其他意見不同投資人的攻擊也能堅定不移的話，下一個階段就是執行了。

## 有決心買進，就要有信心多買一些！

不要覺得「執行哪有什麼難的」，因為在這個過程，就會決定要投資多少金額比重，達到目標收益率前可以忍耐持有多久，這是跟「選擇個股」一樣重要的過程。剛開始很有自信買進時會買很多，但也會出現漸漸失去自信的情況，不知道何時該賣出而導致收益率無法極大化的狀況，也會一而再、再而三的上演。

如果發現即便對某支個股很有自信，但實際上投資比重卻仍然很低時，那這就是無法言行一致，只能透過反覆訓練去克服過度小心的心理。

我過去也曾因為執行力不足，而喪失好機會，2000 年代中段擔任未來資產資產管理公司的基金經理人時，曾經非常努力管理 Discovery 公司旗下的招牌基金，與前後輩攜手把原本不過數千億韓元的基金，成長為 3 兆韓

元左右的基金，收益率在 2005 年當時，達到超越 KOSPI 市場 40% 以上的表現。

　　當時對於基金管理有自信，也有很多好的個股，可是一面推薦客戶加入 Discovery 基金，自己卻沒有投資，就是因為對它沒興趣或執行力不足。現在的基金經理人不能直接投資以客戶資產進行投資中的基金的成分股，相反地在之前可以投資時，我卻把錢用在銀行或其他家的商品上；希望各位如果有信心的話，以後一定要做到言行一致。

獲利
思維

投資的執行過程與個股的選擇一樣很重要，小心翼翼光説不做的人，只會讓好機會擦身而過，能挖掘到大量財富的人，特徵就是會執著地將機會變成自己的。

# 第 2 章

# 大師的買賣實戰
# 基本課

# 以 5 年為單位，挑出產業的主力股

　　不管是哪個產業都會有週期，週期就像是生物傳記一樣，歷經導入期、成長期、成熟期後，迎來衰退期或止步於停滯期，因此在特定產業的誕生或成長初期就能發現並對其抱持信心的話，成功投資的可能性就會變高。通常開始新生命週期的產業群，會經歷短則五年到十年的期間建立週期。

　　韓國跟其他國家相比，幾乎涵蓋各式業種，擁有多元的產業群。舉例來說在製造業，從鋼鐵、化學、煉油的傳統基幹產業，到半導體、家電、零部件這樣的尖端產業，還有包含生技、網路、內容產業等新成長產業，都具備著全球競爭力。

## 不只留意未來產業，更要注意供應鏈廠商

　　與單靠幾個特定業種就牽動著國家 GDP 的那些國家不同，這就是韓國的競爭力，培育出如此多元的產業，使其能與國外業者競爭的企業和政府，

以及最重要的是努力工作的勞工們。大家或許都已經知道，韓國在全球位於領先群的業種，就有半導體、家電、手機、造船、充電電池，還有彈性纖維、輪胎圈、風力發電塔等等，足足共一百二十七個領域。這以企業數來看，是位居於美國、中國、日本之後，排在世界第四名，堪稱非常卓越的成績，但是韓國的企業並不會滿足於現狀，那是否在下個新崛起的產業中，能夠成為主角呢？

當然，如果要主導帶給全球影響浪潮的新成長產業，很難只看韓國，但即便如此，韓國領頭產業的未來可說還是很有希望的，這是因為和美國的第四次工業革命相關，不管是像 Google、YouTube 這樣的平台產業，還是 AI（人工智慧）、雲端（cloud）這樣的未來成長產業，都需要韓國企業提供的基礎技術。

舉例來說，亞馬遜和 Google 企業的雲端服務，絕對需要三星電子或 SK 海力士生產的伺服器用半導體，像特斯拉這種 EV 自動駕駛車，如果沒有 LG Solution、SK On、三星 SDI 這類的充電電池企業，就很難達到生產目標，蘋果汽車在控制車輛的 DCU（Domain Control Unit）中，必須使用 LG Innotek 的圖像感測技術，電動車用資訊娛樂系統上，LG 電子也是具備全球競爭力的。像這樣在全球供應鏈中，佈局負責眾多核心設備與材料的企業的國家，可說是相當罕見。

## 了解各國的核心產業，投資才精準

美國核心技術產業 AI、雲端、金融科技（Fin-tech），以及網路平台業者，每年都出現 40 ～ 50% 的高度成長，與此相反，除了中國之外的其

他大陸的先進國家，對於未來產業的準備卻是看起來十分不足的。

那麼讓我們來比較看看其他先進國的國家主要產業結構，舉例來說，德國是以製造業為核心主軸，市值一到五名都是像福斯汽車、西門子、戴姆勒賓士這樣的製造業，以 SAP 這種以企業用軟體與第四次工業革命有關，這個工程技術強到能發動兩次世界大戰的國家，產業結構雖是以工程技術為基底的高階精密產業為主，但是卻無法像美國的第四次工業革命產業群一樣帶來高成長率。

法國的話，則是以路易威登、萊雅、愛馬仕這樣的名牌消費財占最高的市值外，製藥公司賽諾菲、煉油業等舊經濟產業占大多數；日本的狀況則是以豐田汽車為第一名，除軟銀、索尼外，與第四次工業革命相關的網路平台的相關產業並未進入排名。

韓國的 Naver 與 KAKAO Talk 幾乎是唯一守護自己平台市場的國家，日本和歐洲全都把地位讓給 Google、Facebook（WhatsApp）、Line 這樣的外國企業。

值得關注的國家是中國，事實上中國由政府封鎖外國企業進入市場，以可怕的速度建立與美國一樣的第四次工業革命相關領域的全部產業，是從網路平台，到 SNS、E-Commerce（電商交易）、金融科技，在所有產業都培育成巨龍的一個國家。從前面表格中可發現，中國除了核心電腦作業系統（OS）之外，大部分的產業都擁有能與美國抗衡的競爭力。

再次回到韓國，像這樣來看海外成長產業週期的動態，可以挖掘到長期來看值得期待的核心企業。韓國企業在全球，是除了有人為介入因素的中國之外，創新產業最多的國家，有著製造的優點，還有無限創意，包含被稱為日本版 KAKAO，由 Naver 推出的 Line、世界漫畫第一名、平台、K-POP、韓劇、Coupang、Market Kurly、外送的民族、三星 Biologics、賽

## 【第四次工業革命產業的各國企業現況】

| 領域 | 美國 | 中國 | 韓國 | 德國 | 日本 |
|---|---|---|---|---|---|
| E-commerce 電子商務 | 亞馬遜 | 阿里巴巴 | Coupang/ Naver | 亞馬遜 / Otto | 亞馬遜 / 樂天 |
| Portal/Search 入口網站 / 搜尋 | Google | 百度 騰訊 | Naver | | 雅虎 |
| Streaming 串流 | YouTube | 嗶哩嗶哩 | | | |
| Social Media 社群媒體 | Facebook | 微博 / 抖音 | | | |
| SNS Chat 社交軟體 | （Whatsapp） | 微信 | KAKAO Talk | | Line |
| Smart Phone 智慧型手機 | 蘋果 | 小米 | 三星電子 | | |
| Operating SW 作業軟體 | 微軟 / 英特爾 | | | | |
| Mobile OS 手機系統 | Google/ 蘋果 | | | | |
| Cloud Service 雲端服務 | AWS/MS | 阿里巴巴 | | | |
| Mobility 汽車 | 特斯拉 | 蔚來 / 比亞迪 | 現代起亞車 | 福斯汽車 / 賓士 | 豐田汽車 |
| Car Sharing 共用汽車 | Uber | 滴滴出行 | KAKAO M | | |
| OTT 串流平台 | Netflix/ Disney/ 蘋果 | 愛奇藝 / 虎牙 | Naver/ Coupang | | |
| Bio 生技 | J&J/ 輝瑞 | 藥明康得 | 賽特瑞恩 / 三星生技 | 拜耳 / 默克 | 武田 |

資料：Growth Hill 資產管理

特瑞恩等等，都列到這個程度，想必已不需多做闡述。韓國也擁有供應第四代工業革命產業的基礎技術與核心材料的企業，如同擁有健壯雙腿的小巨人一樣。

在韓國除高度成長的第四代工業革命產業外，也可以投資於各種產業的循環週期。舉例來說，2022 年半導體週期停止長期的下跌、進入全新週期，遊戲業者運用區塊鏈平台打造新事業，以及像氫燃料這樣剛開啟上升週期的產業遍地開花。當然從企業層面來看，也需要不斷地持續直接投資於主導全球的美國股票，因在航太產業或 OS、AI 技術相關領先的企業，在其他國家是很難找到的。

獲利
思維

韓國企業處於主導全球第四代工業革命產業成長的大型科技公司的核心供應鏈中，就像後起之秀三星電子能和蘋果的智慧型手機一起瓜分市場一樣，新的主導企業未來還會出現。

# 正在起飛的新產業，現在投資並不晚

　　如果你具備能在相對初期就辦別出某家公司是新成長產業的能力，以投資人的觀點來看，可說是擁有非常優秀的資質。事實上，找出能替代現有產品、以新的模式帶來創新的產業群並沒有那麼難，只要從報紙或YouTube，或是相關產業新聞努力查找的話，就能分辨出未來成長的業種。

　　此外，也不需要比任何人都還要快找到，這是因為通常新成長產業的週期相對較大，時間更久的緣故，那麼我們就以大家都認為展望很好且討論度高的產業為例來說明吧！

## 當紅的電動車產業，現在投入時機正好

　　電動車（EV）或自動駕駛技術公司的股價，雖然已大幅上漲，但即使是寫下這篇文章的此刻，它仍是才剛過導入期，進到成長期的階段而已。以2021年為例，一年內售出的汽車中，純電動車（BEV約500萬輛）只

占約 5 ～ 6% 而已，即使全球汽車業者都盡可能地設廠提升產量，2022 年的韓國仍因為電動車不足，一台特斯拉要等到 6 個月以上才能交車。光看各國政府發布在 2030 ～ 2040 年前要禁止內燃機汽車的政策（歐盟決議於 2035 年起禁售新的內燃機汽車），就無法否認電動車產業未來發展可能性。

當然，**因為是備受期待的業種，股價已經充分反映出未來的成長，但是電動車產業帶來的變化，不僅是單純將引擎換成充電電池，而是意味著新裝置的誕生。**具代表性的裝置就是從 PC 跨越到智慧型手機的時期，與此相同，現在內燃機汽車也正走向跨越到自動駕駛車輛上。

如同各位知道的，再過幾年最完美的 Level 5 自動駕駛（目前在 Level 3.5）就可實現，預告著巨大的變化來臨。首先會縮短全球駕駛的通勤時間，創造出新的閒暇空檔；為了那些要在車子行進間可以同時玩遊戲或看 Netflix 的駕駛，這些企業需要準備更多的數位內容，例如提供接送小孩去補習班或消磨通勤時間的所有人，更多可進行消費或生產的時間。

## 🏢 新產業帶來的未來，
## 　　還在慢慢轉型階段

除通勤時間外，90% 左右的時間都浪費在停車場的車輛，隨著自動駕駛的發展，也產生出可以像 Uber 一樣，用自動駕駛車賺錢的全新模式。我們都知道再過不久這種服務就會開始，但現在尚未出現已藉此大賺一筆的企業，這也是為什麼主導新成長產業（例如特斯拉）的公司，股價雖然上漲很多，但還是不能輕易賣出的原因。**自動駕駛技術將會和產業革命一起，帶給全世界全新的消費和生產價值，而核心企業將會帶走這些成果。**

協助有系統地建立並儲存大數據的雲端產業，與以數據為基礎，進行深度學習（Deep Learning）的 AI 程式與資安設計等，都可視為快速成長的新成長產業。事實上這種產業中核心企業（AWS、Azure、Google Cloud）在 2021 年的銷售成長高達約 50%，因為已經屬於寡占市場，投資成功的機率很高，對於新成長產業具體的內容還會在後面章節提到。

相反的，到現在仍處在大規模投資階段的未來產業中的航太事業，有衛星、太空旅行、太空基地與探索資源等，十分多元。在 DNA 定序、基因組編輯、細胞治療劑等生技領域也會出現未來亮點。**重點在於比起這些產業本身，更要集中在主導新成長產業，且勇於破壞傳統價值的創新企業。**

檢視以下三點是否充足，有助於判斷是否為值得投資的創新企業：第一，是否保有最前端的創新技術？第二，是否是資本充足的公司？第三，是否有容易追上來的競爭者？

在股價的判斷標準上，為了期許能不被景氣影響，穩定地持續上漲，比起夢想遠大的企業，要限縮在能產生銷售額和獲利的企業上，詳細內容在後面會再詳加說明。

獲利
思維

> 稍微留意的話，其實我們身邊已經有很多為人所知的新成長企業，只是在挑選好公司做集中投資時，常會受到太多外在的干擾。

# 挑出能存活到最後的公司

在股市中有約 3,000 多檔個股上市，且每天有無數投資相關訊息與買進的投顧報告湧向市場，結果過多的資訊反而讓投資人感到混亂，從好的投資標的分散到不那麼好的投資標的，降低整體收益率。

## 投資核心要選擇「無法被取代」的產業和企業

因此，最重要的是得先決定在手上的投資組合中，占最多比重的核心企業是什麼，最成功的策略就是選擇具有強大競爭力的企業，開始投資前，一定需要先想想看是否符合這兩個條件：第一，這是能存活到最後的企業嗎？第二，這是個絕對不能少的企業嗎？重新思考符合以上兩點的企業，在 3,000 個以上的上市公司中，大概也只會留下不到 100 個。來把基準縮小吧！

企業會走下坡的情形大致上可分為三種，第一是不景氣導致大環境變得不好，第二是流行或技術改變時，第三是競爭對手太多遭到淘汰。

　　首先從就算是流行改變或景氣變差也不受影響、一定會需要的產品或服務開始想想看！例如電腦、手機和社群媒體，由具主導權的企業供給的市場，因具備技術優勢或搶占先機，在該領域已率先掌握領導地位的企業，會失敗的可能性明顯很低，且若是沒有可以取代它們的競爭企業，同時沒有它們該產業就難以生存的這種情形，就更是如此。符合這個條件的產業與公司名稱，會在下一頁以列表方式整理出來。

　　這裡也包含了具主導性的企業成長時不可或缺的核心供應鏈（supply-chain）在內的製造業，在這個生態中，能提供技術優勢或服務優勢的創新企業，就能保障獨一無二的成長。例如自動駕駛或 AI 的深度學習，就一定需要向台積電這樣生產半導體晶片的公司，雲端數據中心演算上就一定需要輝達（NVIDIA）的 GPU 晶片。

　　此外，雖然食品、電信、公用事業、保險等，無關景氣也不可或缺，是屬於比較穩定的產業，但食品製造商間的行銷競爭激烈，也很難保證特定公司不會因此倒閉，電信公司則因政府限制，同時存在保護與成長的限制。

## 「競爭力」是最有力的判斷依據

　　不過，我並不認同有些產業因難以預測未來，就最好不要投資的想法；這些產業也有週期，也有景氣好的時候，被低估的企業相當多，而且以具競爭力的人氣商品或服務，搶下競爭同業市占率的企業也很多。

　　例如娛樂產業中的 WEVERSE、JYP，織品業的 F&F，化妝品業的 LG 健康生活，遊戲開發業的珍艾碧絲（Pearl Abyss）等，新的強者一個接一個地出現擴張市場。不過同時也想強調，在未來十年後，這些企業是否被淘汰或仍然展現穩健成長，相對上較難以預測。

## 【幾乎不可能會倒的產業／企業群】

| | |
|---|---|
| OS（Operating System） | 微軟、Google、高通、蘋果、特斯拉 |
| CPU | 英特爾、AMD |
| 電腦晶片／半導體製造商 | 三星電子、台積電、輝達、ARM、高通 |
| 平台企業 | Google（YouTube）、Naver、微軟、百度 |
| SNS 企業 | Facebook（Whatsapp、Instagram）、KAKAO、Line、Telegram |
| 電商交易 | 亞馬遜、eBay |
| 雲端／AI | 亞馬遜、微軟、Google、阿里巴巴 |
| 自動駕駛車 | 特斯拉、Google、福斯汽車、百度 |
| 內容平台 | Netflix、Disney、騰訊 |
| 數位金融 | Paypal、Square、KAKAO Pay |

VS.

## 【未來難以預測的產業／企業群】

| | |
|---|---|
| 鋼鐵、化學、造船 | 沒有具主導地位的業者，對景氣敏感 |
| 百貨公司、購物、織品 | 競爭激烈，對消費景氣敏感 |
| 製藥、生技 | 新藥成功與否無從得知，且競爭激烈 |
| 旅遊、休閒 | 並非必需品，對景氣最敏感 |
| 銀行、保險、證券 | 對景氣敏感，且手機起家的競爭者開始進入市場 |
| 航空、運輸、海運 | 對景氣最敏感 |

　　但也有披著第四次工業革命的外衣，卻難以用前述「絕對不會倒」的條件去判斷的企業，要很小心。例如到 2018 年為止，美國第一的線上外送食品業就是市占率達到 50% 的 Grab hub，但現在已經下跌到不到 20%，地位被 2020 年上市的 Door dash（市占率 50%）搶走。這是雖然具備成長產業的必要條件，但在競爭條件上，因為資本與客戶便利性，慘敗給後起之秀的例子。

　　像這樣占據寡頭地位的企業，在技術產生變革前，能維持地位的可能性很高，但若是競爭激烈的產業或容易有新的競爭者加入的產業，就難以預測未來。遊戲業有很多前景看好的公司，製作遊戲的業者數量有超過數千個，如果不能維持自己的人氣作品，就可能遭到淘汰消失。

　　相反地，就像漫威（Marvel）用旗下超級英雄的著作權來存活一樣，本來就已經以大作成功的遊戲公司，就能繼續維持屬於它們的競爭力。再大型的汽車公司或百貨公司、鋼鐵公司，**如果無法在競爭浪潮中維持優越地位的話，也很難知道未來到底是否能存活。**

　　綜合上述的分析，結論就是即使預期收益率低，投資組合的半數以上最好要納入看起來絕對不會倒的長期成長企業，如此一來即使景氣不好也能撐得下去，就算發生第二個 Covid-19 疫情這樣的黑天鵝，也是補進更多股票的機會。

---

**獲利思維**

思考有哪些是能存活到最後的企業，我到現在都還在幫未成年子女用他們存下來的零用錢拿去買這樣的企業，且好幾年都沒去看帳戶餘額，因為知道就算不去看，也不會感到不安。

# 散戶可以放心
# 買進蘋果的秘密

　　投資人都想早一步跟上股市變化，但並非人人都有足夠的時間和資訊。上班族若想每次都看出股市中主導股的變化，會消磨掉太多的時間，如果不是全職投資人，要及時取得訊息恐怕力不從心。這樣的情形下，有種安心的投資方法，以長期投資為基準，偶爾確認收益率即可，**那就是以投資企業的商業模式和競爭力做為判斷是否買入的要素。**

　　專家都建議要買企業獲利年年提高的，不過光是這一點誰都能說得理所當然，但要如何得知怎樣的企業績效是往上或往下的呢？此時並非是跟著短期獲利流向走的投資方法，而是建議投資在從結構上來看績效一定好的企業。

## 觀察產業中是否出現
## 「改變遊戲規則的人」

　　主修企業管理的人都學過哈佛大學企業管理學者麥可·波特（Michael

# 【以「五大競爭勢力」* 分析兩個經典案例】

*Five Competitive Forces

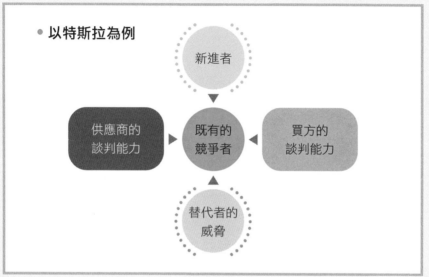

- 以特斯拉為例

- 以蘋果為例

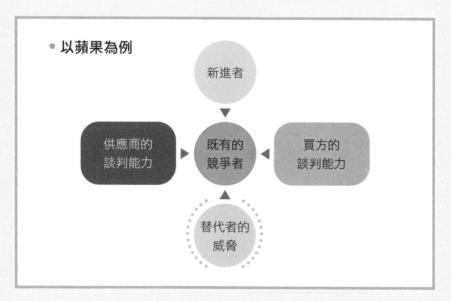

資料來源：麥可‧波特，Growth Hill 資產管理

Potter）的五大競爭力理論（Five Competitive Forces），為挑選有實力的企業帶來理論上的基礎。這五種競爭力分別為：（1）原產業內的競爭，（2）是否有新進者，（3）新的替代者，（4）銷售方的優勢（Seller's Power），（5）購買方的優勢（Buyer's Power）。

在所有產業中都存在著現有的競爭者，例如近期正好有個案例可說明的汽車產業。原本是由 GM、福特、福斯、豐田、現代車等十多間汽車品牌，在沒有太大成長的原產業中互相競爭；2010 年特斯拉用電動車當作武器，以全新汽車製造商的身分登場，雖然是所謂的「新進者」，但電動車以創新技術併吞市場，也可說是出現內燃機汽車的全新替代品，屬於圖中「新進者」與「替代者」這兩個威脅因數。

原本只有泥鰍的汽車市場，因為放了鯰魚進去而迎來巨大的變革。GM 原本約 20 美元的股價，光在 2021 年就上漲到 60 美元，同時這項變革的主角特斯拉，股價從十年平均的 40 美元，上漲到 1,000 美元，**明明也不是整個產業的車輛銷售數量大幅增加，產業仍產生震盪，因為對自動駕駛車等未來成長的期待，估值指標（PER、PBR）大幅上升。**

找出改變遊戲規則者（game changer）後進行投資固然重要，但既有產業是否能夠穩定堅守，讓新競爭者無法進入市場也很重要，如果不是特斯拉、而是福斯主導這個角色的話會如何呢？會超越既有業者們、獨占全部的好處，最後就再也不可能會有新進者，成為獨占寡占市場，當中技術或競爭優勢能持續的企業，就會是最好的投資標的。

舉一個時間雖久遠但更強而有力的例子——智慧型手機，也是一樣的情形。直到 2007 年蘋果開發出 iPhone 進軍手機市場前，芬蘭企業諾基亞（Nokia）的全球市占率超過 60%，而後摩托羅拉、三星電子等公司，雖也占據手機市場，但名為 iPhone 的新替代者登場後，除中國市場外，全球的

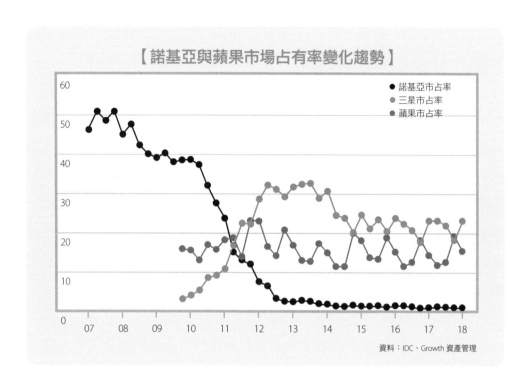

【諾基亞與蘋果市場占有率變化趨勢】

資料：IDC、Growth 資產管理

智慧型手機市場就由三星電子和蘋果兩大企業掌握，**就算到未來，這個市場也已經是難有其他新進者出現的結構。**

## 🏛 **專業度高的產業，更能安心投資第一名的公司**

　　過程中，目前第一、二名的三星電子股價上漲了 5 倍，蘋果股價上漲了 13 倍。在新智慧型手機的技術改革仍未存在的前提下，暫時還不會有新的業者能跟得上這兩間擁有強大品牌力的企業，以及其大規模的生產能力，

因此這種獨占寡占企業，就是值得長期投資的標的。這種變化並非一朝一夕發生，而是能讓各位體驗產品且充分感受到企業變化的時間性機會。

　　那麼帶有這種獨占產業領域的企業有多少呢？也不是那麼多。更細分的話，約由四間企業獨占的半導體產業、各領域近乎獨占的半導體設備製造商（艾司摩爾、AMAT、KLA）、僅有兩間的可樂品牌業者、只有三間的太空邊境探索企業（SpaceX、藍色起源、維珍銀河）、僅有三間的手機軟體系統（微軟、安卓、蘋果）、僅約三～四間的全球網路企業（微軟、Google、百度）等。**這些產業具備難以跨入的銅牆鐵壁，投資在這當中的第一名企業時，如果出現了擁有革新技術、新進入的業者時，就馬上跟上即可。**

　　此外還有銷售方的優勢（Seller's Power）和購買方的優勢（Buyer's Power）變化，這是在該產業供需的巨大變化中所產生的現象，是以帶來超額需求→調升價格→增設→價格下跌→力量改變的五～十年週期進行投資，在此先省略，待到後面篇章再更詳細說明。

獲利
思維

　　企業績效或主題每年都在改變，但評估企業核心競爭力，就能先區分出這家公司是鴕鳥蛋還是恐龍蛋。麥可・波特的「五力理論」是非常有幫助的判斷，很適合時間不多的散戶使用。

# 專業經理人的
# 四大買賣指標

　　影響股市最多的要素，到底是什麼呢？最常出現的回答就是「景氣」（經濟）與「企業績效」，這兩者是支撐股價市場最重要的基本面要素。但是除此之外，像現金流動性、政治、心理因素等許多要素，也同樣會影響股價。

　　在這一章，我針對分析股市時一定要確認的四項基本指標一一說明，這在股價指數動盪時，能用來作為判斷是否是脫手的機會，還是能追加買進的機會。

## 指標 ① ：直接反應股價的
## 「採購經理人指數」（PMI）

　　首先第一個判斷指標就是景氣，但是更正確地來說，比起景氣，用「經濟成長率」的變化來表現更為恰當，景氣週期最常用 GDP（Gross Domestic Production）成長率來標示，OECD（經濟合作機構）、世界銀行

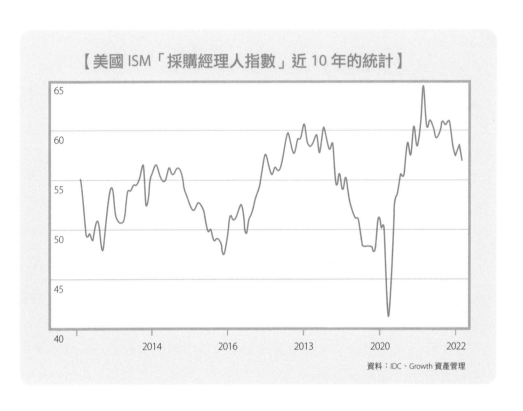

**【美國 ISM「採購經理人指數」近 10 年的統計】**

資料：IDC、Growth 資產管理

等多個經濟機構與全球各證券商都會公布各國的 GDP 預估值，每一季會發表每季度預估值與全年展望值，**然而更重要的指標，是這些機構把該展望值上調或下調的幅度。**

問題來了，實際 GDP 數值其項目龐大，從統計到公布會花很長的時間，後行於股價指數，**因此能掌握 GDP 成長趨勢或下跌趨勢的循環就很足夠。**做為參考，想確定即時美國 GDP 變化的話，可從 Bank of Atlanta 公布的「GDP Now」中搜尋。

與此相比，領先指標中的調查（Survey）相關指數就會引起更重要的影響，大家很熟悉的美國供應管理協會（ISM，Institute for Supply

Management），在每月初會公布採購經理人指數（PMI，Purchasing Manager Index），這是調查並統計新下單量、生產、出貨、庫存、雇用等等項目的方式。

股市其實能最快反映景氣，大部分的經濟指標只能後行於股市；相反地，PMI 指標與整個統計結束後才公布的經濟指標（Hard data）不同，該展望指標是透過問卷調查，瞭解企業家們認為未來展望會好還是會壞，相對與股價同步；而公布該指數時，美國股市也會受到很大的影響。

後面會再說明與股市相關的眾多總體經濟指標，不過，若只想先確定一個的話，就看月初發表的 PMI 指標趨勢和程度。作為參考，大多認為公布的數字在 50 以上的話是正面、50 以下的話是負面，想要看長期的景氣領先趨勢的話，可以找 OECD 景氣領先指標，這個指數比起短期的動能，更建議視作長期趨勢指數使用。

## 🏛 指標 ②：大型券商公布的 企業獲利預估（EPS）

「企業績效」是影響股價指數最重要的要素，像 S&P500 或 KOSPI 這樣的指數，幾乎可代表整體上市企業市值的總和。另外，企業的市值是建立在企業的績效基礎上，以「PER10 倍」來說，就是賦予該企業目前其淨利 10 倍的價值。因此，若淨利比原先預想的增加 50%，以相同的估值去計算，市值應該要變成 1.5 倍，故對整體股市而言，這是直接影響最大的要素。

也因此，企業獲利的公布時機很重要，當淨利比預估值還要高的企業較多時，股市就會上漲，但對散戶投資人來說，實際上很難一一確認所有企業的績效。

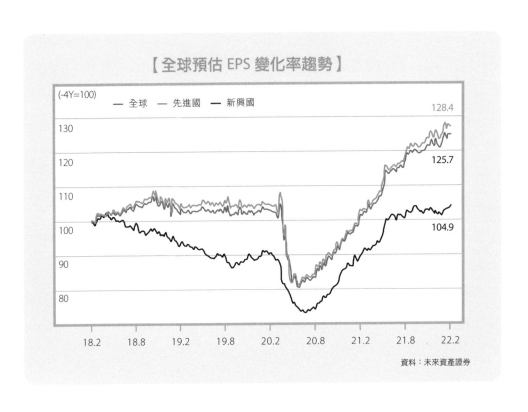

**【全球預估 EPS 變化率趨勢】**

(-4Y=100) — 全球 — 先進國 — 新興國

128.4
130
125.7
120
110
104.9
100
90
80

18.2　18.8　19.2　19.8　20.2　20.8　21.2　21.8　22.2

資料：未來資產證券

　　因此在判斷股價指數時，**只要觀察企業整體的獲利是往上還是往下，便有助於檢視整體市場方向。**首先，企業獲利是以證券商分析師的預測為基礎，這被稱為共識（consensus），且若企業淨利高於或低於預估值的話，就會隨時進行上調／下修的調整，觀察這些數值的整體趨勢即可。

　　**雖沒有一個專門看這個的統計網站，但大部分的證券商都會公布企業獲利展望資料，定期發表盈餘修正比例**，最常更新的就是三星證券、未來資產證券這樣的大型證券商，可訂閱這些證券商的研究資料即可。

　　事實上，看起來已經有許多投資人為申購公募股而擁有多家證券商的帳戶，建議就算金額不大也可開證券商帳戶，這樣就可使用這些證券商提

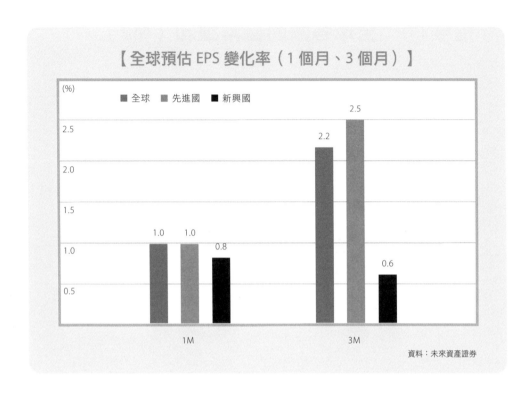

【全球預估 EPS 變化率（1 個月、3 個月）】

資料：未來資產證券

供的優質服務，上表就是摘要自未來資產證券分析師每週出版的資料，以國家別提供企業淨利的共識變化趨勢。

使用方法可從上述圖表中看到，自 2020 年 6 月起到 2022 年 2 月為止，先進國企業獲利預估值持續向上調整；實際上可發現，在這段期間美國的股價指數也是往上走的。下圖顯示與前月以及三個月前相比，預估獲利追加上調多少，當時先進國家的預估值上調幅度較新興國家高，實際上股價指數的收益率表現也是美國大幅領先韓國，找出這些報告來看的話，也可以看到各國淨利調整的比率。

## 指標 ③：全球各國的貨幣總和（M2）

流動性可看作是在經濟活動中如同血液角色的貨幣發行量，常以 M1、M2 這樣的指標去標示，代表總貨幣量的 M2 最常被使用。M2 的組成要素中，是以狹義貨幣量（M1）再加上活期存款與儲蓄存款及外匯存款合計而成，**也就是指即刻可以現金化的貨幣總和。**

掌管貨幣政策的主體就是政府和聯邦準備銀行，根據物價和景氣狀況，透過時而放寬、時而縮緊貨幣量來管理。從近期發生的 Covid-19 疫情，就可以看到流動性對資產市場的影響有多麼具破壞力，這也可從 2008 年的美國金融危機以及 2012 年歐洲財政危機中看到。

簡單說明近期案例的話，2020 年初美國 M2 約為 15 兆美元，隨著聯準供給約 4 兆美元的貨幣量後，2020 年底上升至 19 兆美元，2021 年底 M2 達到 21 兆美元。這樣巨大的流動性供給，結果是 S&P 500 指數跟 Covid-19 疫情前的 2020 年初相比，兩年間上升了約 50%。這跟美國股價指數每年平均約 10% 的長期上升比率相比，其所帶來的資產價值上升十分龐大。

**國家經濟在流動性大幅增加的時期，雖可視為巨大的機會，但相反的收回流動性，開始緊縮時，對股市難免會造成很大的負擔。**2022 年伴隨著雇傭恢復，景氣恢復後，在先前大幅增加的流動性縮減的週期中，此時比起透過 M2 判斷，對能立刻做出反應的國債利率變化進行的判斷更為重要。另外，如同利率變動一樣，觀察 M2 增加率來解釋流動性是最好的方法。

比起 M2 的絕對數值，如下圖所示，**應該要看跟前一年相比的增加率變化，**可提高與股價的相關性。補充說明，M2 金額增加率從 2021 年 10 月開始反轉，美國 S&P 500 指數也從 12 月開始轉為下跌，最重要的利率水準和股市的相關性，會在後面的章節中說明。

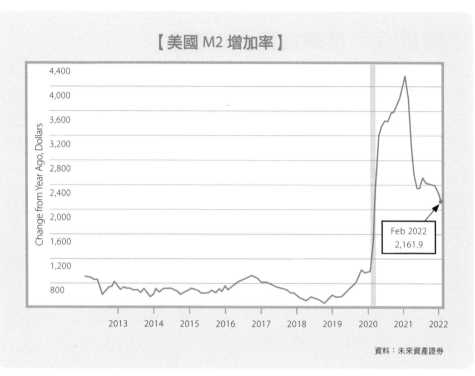

【美國 M2 增加率】

資料：未來資產證券

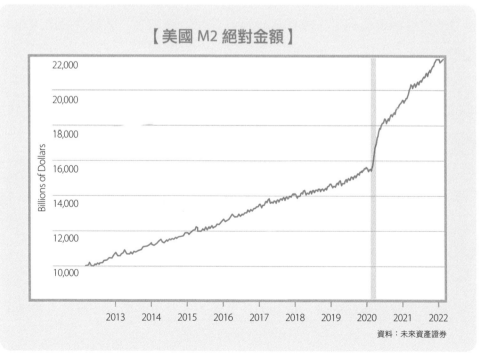

【美國 M2 絕對金額】

資料：未來資產證券

## 指標 ④：反映投資人心理的 「賣權買權比」（Put-Call Ratio）

簡單說明的話，股的結構很單純，若投資人買的金額比賣的金額多，就會上漲；為了讓買進金額或買進的人增加，需要提供優於現在已知的景氣狀況的期待心理因數。已經有很多人知道的新聞不是好消息，只有新的新聞或資訊才可稱得上是影響股價的因數，因此投資人要能夠判斷在目前的股價指數中，有多少正向的層面已經反映到股價中的根據。

我們多多少少都曾有過這樣的經驗，當公布了自己還不知道且對股價有重大影響的新聞時，由於事先已得知的主力們進行拋售，股價反而下跌的經驗，有句證券市場格言說「隨著傳聞買進，隨著新聞賣出」，我們似乎真的在玩一場非常困難的心理遊戲。

那麼，難道就沒有能反映這種投資心理的指標嗎？當然沒有針對個別股票的這種指標，但是在聰明的投資人齊聚的股市中，已經發展出這樣的指標，讓所有人都可以看得到。

首先，如果正面的人多的話，買進的比重就會比過去還高，負面的人多的話，買進的比重就會停在最下端，以此推斷出投資心理處在什麼樣的狀況，此時可使用的代表性指數，就是賣權買權比（Put-Call Ratio）。

在美國芝加哥期貨選擇權交易所（CBOE）可看到的指標 Put 是賣權，可理解為打賭會下跌，而 Call 就是買權打賭會上升的部位。因此當 Put 相較 Call 為 1.5 倍時，這項指數就會標示成 1.5；此時就是在說，大部分的市場參與者賭未來會下跌，這種情形如同 Covid-19 疫情或景氣停滯這樣，當市場充斥壞消息與恐慌的狀態，就可視為心理上的恐慌。

**雖然已經歷過很多次，像在如此低迷的下跌位置時，一旦進入恢復階**

**段，反而會出現大幅上漲**，因此可以反過來去利用這項名為恐懼的投資人心理。這項相對客觀的指標，像我這樣的長期投資人就經常重點使用這項指標。在第 8 章的內容中，會和恐懼貪婪指數（Greed & Fear Index）一起更詳細的介紹這些投資心理。

如同到目前為止簡單提到的這些，若能活用這四大檢視重點的話，大概就能對目前股價指數在走勢上會更往上漲、還是進入盤整區間，有比較確定的感覺。特別是總經指標和企業盈餘調整指標，因為都是變化指標，在景氣走弱的區間命中率高，當動能重新回來時，也能夠捕捉到好的買進時機。

希望大家能記得，當前述四個指標中，有三個以上都在正向的狀況時，就算大部分股價有所波動，也會在短期內結束，重新回到上漲的模式。

**獲利思維**

就算只掌握上述四個基本要素，就能掌握股市是在上漲趨勢還是下跌趨勢，每當股市有動盪時，希望大家都能好好觀察後再判斷。

# 別在「完全無法預測」
# 的事上浪費時間

　　跟有股票投資經驗的人聊天時，會互相詢問有什麼持股，聽聽看買進的理由，可能是該產業展望似乎不錯，或是證券商推薦，又或是自己判斷後覺得該個股擁有強大的競爭力等多種因素，幾乎都是有意義的投資理由。

　　但是很多時候在投資個股之後，仍能遵守投資初心的情況就不多了！當然有可能是對企業的資訊不足，或者單純只是因為大盤指數漲而跟著加碼。我認為真正重要的投資觀念，**除了投資在好的股票外，也要知道哪些股票是必須避開的**，以負面列表的方式，將有下列狀況的個股從候選中剔除的話，各位就已經可以大幅降低虧損的可能性了。

## 難以預測未來發展的股票，別碰！

　　雖是看似理所當然，卻很多人會陷入盲點，若連不遠的未來都難以預測的個股，絕對要避開。**當然，沒有百分百可以確定的未來，但「完全不知道」以及「可以推測出一定的可能性」，這完全是兩件事。**舉例來說，「完

全不知道」的狀況如下——

- 明年油價還會更上漲嗎？
- 兌美元匯率會貶值還是會升值？
- 生技新藥會通過臨床實驗後，可以開始銷售嗎？
- 氣候變遷明年會更嚴重嗎？

以上例子如果都能夠預測的話，你已經可以成為像喬治 · 索羅斯一樣的富翁了。一個個來分析看看，油價的漲跌本身在預測上就有許多變數，比起需求，原油價格更容易受到供給方的影響。根據像石油輸出國組織（OPEC）那些掌握俗稱黑金（石油）國家的政治、經濟利益帶動價格變動，在預測上幾乎是不可能的。但如果原油價格比十年平均價下跌很多的話，就能趁機做長期投資，不過這也不叫做預測價格。結論就是，**原油價格的漲跌，並沒有一個值得作為判斷標準的基礎。**

股價指數的部分，韓國平均範圍大概落在整體企業獲利 PER 9 ～ 13 倍之間，掉到 9 倍以下的話，期待收益率為 1/9=11.1%，比債券收益率要來的很高，是相對較便宜的區間；超過 13 倍的話則為 1/13=7.6%，收益率吸引力相對較低。因為還有每年配息帶來的現金流量，如果各國股價大幅下跌的話，在某種程度上，仍具有下行支撐的力量能恢復。

相反的，在 2020 年 4 月 Covid-19 肺炎疫情的恐慌高升時，美國原油期貨價格（WTI）曾進到負數的區間，也就是買進原油的企業，居然還能收到錢的這種不合理的現象。當然這只是暫時的，但可以說是一個商品不具基本面，更看重供需的典型案例。

匯率一樣也難以預測，這顯現出兩國間相對價值的變動，在某種程度

上，代表著企業利益的股價就難以預測，對於會受到不同國家間利率、景氣、資金需求等各變數影響的總經指標之一的匯率，直接採納當下的數字即可。如果有人很會預測油價或匯率的話，那也不需要投資股票，可以直接在期貨市場用好幾倍槓桿去操作投資。只不過，我到現在還沒有看過以期貨／選擇權交易成功投資維持十年以上的人。

來看看多少會有些爭議的下個案例：生技新藥。**根據美國生技協會的資訊，從第一期臨床到新藥獲准的成功率，只有不過 9.6% 而已**，因此聲稱正在開發中的新藥成功率很高的生技製藥公司的主張，幾乎難以全部相信，如果各位相信自己猜拳可以連續贏十次的話再去挑戰。新藥的功能，就是要比國際製藥公司已經投入大筆金額的諸多市售藥品還要有效，才能獲得核准，對於那些才剛開始臨床第一期的韓國某間生技業者會如何發展，並非投資人自己的專業領域，且這連首爾大學醫院的院長都無法知道。

即便如此，也並非完全不可以投資在韓國的生技產業，當投資在不確定未來的產業時，透過分散投資多間有前景的生技企業，建立出投資組合，只要其中有一個成功就能大賺的策略是更有利的。為了韓國醫學的發展，生技產業是需要許多風險資本去投資才能取得成功的產業，只是也希望投資人謹記，這是一項高風險投資。

**若一定要投資在不太確定未來的地方時，先投資在自己比較瞭解的領域後，等到局面明朗再轉換投資標的，才能節省機會成本。**我看到許多人都只聽消息去交易，例如獲得大筆訂單或是新藥通過臨床試驗等傳言，這種過於依賴該公司準內部人的資訊是非常危險的，因為自己無法辨識真偽或根本沒有可供判斷的證據，如果消息來源沒有在該說的時候通知的話，那該怎麼辦呢？倒不如在自己能判斷的領域確立投資方向，這樣心理也會比較安定，結果也會比較好吧！

## 投資的利多訊息，就在生活周遭

那麼，把難以預測的領域剔除後，現在來看看在相對較瞭解的領域進行投資的案例吧！

- A 公司要推出新遊戲，曾有元宇宙經驗的遊戲玩家對新遊戲評價良好，正式上市前的預約玩家已達 500 萬名。
- 特斯拉的數據與自動駕駛功能，比起同業更優秀，與同等級的其他公司車輛相比價格也更低廉。
- MLB 品牌在中國的人氣很高，店面預計從目前的 100 間擴展到 1,000 間。

上述的案例都是判斷這些企業未來前景看好的內容，其實對於有興趣的企業，稍微用心查找新聞來研究的話，就能得到許多的資訊，從中觀察具體對公司績效是否有實際效果是核心重點。

第一個案例是遊戲公司新推出的遊戲是否成功，但事實上，大部分都不能預測是否為受歡迎，就像電影產業一樣，很有可能叫好不叫座。為了盡可能聚焦，在遊戲推出前，需要多找專業遊戲實況主或參與測試的玩家在部落格寫的評測來看，甚至直接參與上市前的預約封測或檢視相關數據，就能做出提高成功機率的投資決策。你可能會覺得這樣的付出多少有點困難，但比起那些等新遊戲衝到下載第一名後才跟著投資的人，這類投資人才能搶占高收益的先機。

第二個案例是特斯拉，你可能早就知道投資成功與否的答案了，但它的確是在股價上升前，從結構切入就能預測能否值得投資的企業。與

BMW、豐田的同級車款比較時，百公里加速（從靜止到時速100km的時間）很優秀，考量到自動駕駛功能還可自選透過無線下載更新（OTA）的這點，特斯拉的人氣只會越來越高，更驚人的是內燃機汽車的價格已是固定的，相反地電動車的話，**隨著電池因技術發展長期來看，價格會下降，讓電動車的價格越來越具競爭力。**

以上這些內容就算不投資股票，以消費者立場來看也是有趣的資訊，再用點心去看的話，就能預測像特斯拉這樣企業的未來。

最後是 F&F 的案例，簡單摘要的話，在中國 MLB（美國職棒）很受歡迎，韓國簽下 MLB 的品牌，將它發展成服裝品牌的案例，這個品牌一開始很難預測是否會流行，但找到 2021 年初的新聞來看，就不難瞭解到它在中國擁有廣大人氣。重要的是 F&F 在每季的 IR（企業說明會）上都發表要在中國內擴展店面的內容，2020 年從 70 間店面開始，2021 年底計畫擴張到 500 間，最終目標是要開設 1,000 間。從 2021 年初起，企業和新聞媒體都很親切地告知大眾這些訊息，這段期間該公司的股價足足上漲三倍。

**透過投資在這些相對熟悉事物的案例中，我們可以知道對於該企業的關注和最低限度的研究是必要的**，但這些不是大量的內部訊息或秘密傳聞，而是只要以身為消費者的關注就能得知的內容，坐著不動、只靠某人給的消息是很難賺到大錢的，需要自己去關注和主導訊息的獲取。

獲利
思維

在投資中，決定剔除自己不甚理解的領域，也能發揮很大的效果，盡量從熟悉或可預測的領域，去挖掘獲利的珍珠吧！

# 給散戶的 5 檔
# 穩賺股分配建議

前面曾提到分散投資的優缺點,在這一章會更具體地來討論大概要持有幾檔個股才是有效率的。

## 同時持有 5 檔股票最剛好

如果找到非常有信心能獲利的企業時,那集中投資在一、兩檔股票是對的,但是我們很難輕易挖掘出會上漲 2 倍的企業,且那樣的股票也會要求能長期等待的耐心。因此建立適當數量個股的投資組合是很重要的。我推薦散戶投資人最少要同時持有 5 檔股票,這依每位投資人屬性,可能會覺得太多或太少,**但我覺得是可控管且集中度也達一定程度,最合適的個股持有數量。**在此可依散戶投資人屬性,分為個股少的和個股多的情形來思考看看。

投資個股數少的情形有:(1)已經有很確定要投資的股票,當下沒有比這個更好的。(2)投資本金少,無法買進多檔個股。(3)個股資訊太多,

所以一直在換股。

　　相反地，投資個股數多的情形則有：（1）沒有 100% 確定的個股。（2）急著一直買進投資網紅或證券商推薦的個股。（3）覺得只集中投資在一、兩檔個股會不安。以上等等理由，依照散戶們的各自狀況多少有所不同，但我覺得最少 5 檔個股比較穩定，同時也能降低因個股數太多而管理不易的風險。

## 穩賺的「成長股」和「價值股」部位分配

　　在建立 5 檔個股的部位時，有個很重要的原則，**那就是這幾檔股票之間的「相關性」必須要低**。若能參考這點去建立投資組合，即使在自己的個股遭市場冷落的時候，也能好好地忍耐堅持下去。

　　舉例來說，假設你覺得網路產業和遊戲產業很好，因此買進 2 檔網路產業個股和 3 檔遊戲產業個股，這個就完全不是分散投資。也不是說這種投資就不好，但就失去透過 5 檔個股來達到分散效果的意義了。

　　互相排他的產業指的是當一邊的產業股價上漲時，另一邊就不會上漲；相反地，當該產業股價下跌時，另一邊的產業群就開始上漲。常常發生當 KOSPI 市場上漲，但只有自己的持股沒有漲的情形，若手中持有不同屬性的股票，就不會在這時被排擠，在每個區間都可依序期待持股上漲。

　　舉個最簡單的例子，成長股和價值股互相就是不同的相對關係，成長股指的是未來會產生大量利益的企業，價值股則是與目前企業價值相比股價被低估，或現在的利益相對比較高的企業群。簡單摘要的話，在景氣變好、高利率的區間，佈局最多景氣類股的價值股軍團會上漲；相反地，在

低利率或景氣不好的區間，未來利益成長機會高的成長股軍團就會呈現超額收益，**因此分別持有兩邊軍團的第 1 名企業時，比起風險，會出現收益率最好的結果。**

例如在成長股已經持有很多 Naver 和 SK 海力士的話，那在價值股上也要一起持有現代重工業或 Hit 真露這種股票，然後增加持有與景氣週期相對較無關的充電電池材料這樣的長期成長股，最後也找一檔中小型的股票持有的話，均衡的投資組合就完成了。

依照前文所說這樣分別持有 5 檔個股的話，例如在 2021 年，三星電子一整年都獲利低迷時，也能充分實現好的收益率；與緊咬一～兩檔個股而感到疲憊的時候不同，對於像接力賽一樣，接下其他個股遞來的接力棒後，繼續向前跑的長期投資來說，這是最適合的投資組合。盡可能建立起自己的 5 檔部位分配，打造長期投資穩定獲利的方法。

**獲利思維**

分散個股時，以上漲時機不同的個股去建立投資組合為佳。在踏上長遠的道路上，比起自己走，跟一群朋友一起走更不孤單。

# 當長期投資
# 遇到集中投資時

「如果投資無法持有 10 年，連 1 分鐘都不要持有。」這則格言是來自被稱為「投資之神、奧瑪哈先知」的華倫・巴菲特。

散戶投資人雖然很難照著做，卻常常引用這句話，但是也不能直接解釋成無條件一定要長期投資，特別是像在韓國這樣充滿活力的市場，如果 10 年只投資一～兩檔個股的話真的會完蛋。依我來看，巴菲特的格言可以解釋成「找出投資至少 10 年都不會有問題的企業」，或是對企業的商業模式徹底研究到有充分把握後再投資。

## 📈 投資之神的組合，
## 有九成都是長期投資

巴菲特也曾說過：「投資一檔個股後，明天上漲和下跌機率都是一半一半，但是若採長期投資的話，那機率就只會提高。」這是在說至少要知道該企業獲利成長的程度再去投資，確認要投資的企業，獲利長期下來是

會成長還是下跌，光靠這十足的把握，隨著時間經過，成功的機率還是會漸漸提高，這是因為在獲利增加的這段時間，會影響該個股的要素如短期供需、景氣展望、政治問題等等這些搗蛋分子都會消失。

　　觀察巴菲特管理的波克夏海瑟威的投資組合，會發現個股數量並不多，該公司管理 5,000 億美元規模的基金，**在其投資組合中，蘋果、美國銀行、美國運通、可口可樂等 10 檔個股，就占整體基金規模近** 90%（整體約 40 檔個股），而集中投資的這 10 檔個股，最後大部分都用收益率去說明一切。

　　該基金 56 年來的年平均收益率約 20%（累積收益率 330 萬 %），實際上就是言行一致、做到長期投資的代表。從下表可以看到，其投資組合中一半以上都是從 10 年前就開始持有的個股，例如可口可樂、卡夫亨氏、穆迪、美國運通等等；**這些個股的特徵大多是在不會大幅受到景氣影響的業種中，屬於獨占寡占的企業。**

　　例如，持有可口可樂和製作番茄醬等醬料的卡夫亨氏，是必須消費財，以及配息給很多的主要銀行和信用卡公司，雖然也持有像蘋果這樣的創新成長企業，但蘋果在過去十年回購自家股票的金額超過 5,500 億美元，是在美國對股東回饋最好的企業。


## 🏛 想像「買進之後，至少三年不能賣」

　　如果把巴菲特當成是投資之神，那在人間的我們應該要追隨他到什麼程度呢？其實我想強調的不是他的收益率，也不是要大家完全跟著他買，如果要投資的話，那就要充分研究到有十足的把握，對標的企業的未來十分確信的話，再進行集中投資。

　　每個人都有特別瞭解或有自信的領域，退一步來說，假設要投資房地

產，與其光是聽從所謂不動產專家的推薦，不如投資在自己住家附近或很瞭解的區域，兩者的收益率會有很大的差異。這是因為無論春天、梅雨季或寒冷的冬天，你會不斷地經過同一個地方，有可能就會看到不同時節的優缺點，就會比急著投資的人更容易分辨出璞玉。

每天都隨著股價變動的個股收益率會令人迷惘，但其實我們是將資金投資在企業上，而所謂投資就是成為企業的股東，雖然很容易就能在股市買賣股票，但不能把它當作收益率遊戲隨便選擇企業。如果我們買了三星電子或現代汽車，不管金額大小，我們都要把自己想成這是在跟大股東李在鎔或鄭義宣合作。

想像一下，如果買下股票的過程，不是用滑鼠或在 APP 上點一下就行，**而是改成必須強制參與股東大會或說明會，且一旦買進就必須要持有 2 ～ 3 年不能賣的制度的話，各位的投資態度會如何改變呢？**大概會轉為嚴格地評估這個企業的經營團隊是否可信？是否有競爭力？有獲利的話配息好不好等等，如果沒有符合基準的話就不投資。

這個假設其實只改變了一些規則，藉以要求進行長期投資的人，但如果現實中更嚴格地去挑選投資企業的情況下，有更高的機率獲得更好的投資績效。

而創投或專做企業收購的 PE（私募股權基金）收益率，恰好可以證明這點。這樣的投資人因為最少會投資 3 到 5 年，在進行投資前會經過非常嚴格的審查過程，最終他們的投資收益率就會高於股市的。

像這樣能證明長期投資較佳的理由隨處可見，我們不應該只把投資收益率低的原因，怪在買賣下單太方便上。簡而言之可以想像一下，比起相對方便的短期投資，如果把各位的態度強制轉為長期投資的話，成功獲利的可能性就會更高。

## 集中投資是要投入在做過功課、又熟悉的領域

既然已知道長期投資的重要性，那要如何做功課比較好呢？雖然沒有正確答案，**但最好從自己熟悉且常常接觸的領域開始。**每天在使用的 KAKAO 或 Naver，突然在沒看過的版面上多了廣告視窗；或是去健身房運動時，只看到 Nike 的鞋子或穿著 Lululemon 的彈性纖維運動服的會員增加；喜歡吃泡麵的人，發現到最近乾炒碼麵大受歡迎或是泡麵價格上漲 200 韓元等等。股票投資人的眼睛必須要如鷹眼般銳利才行，且要常常查看該企業的新聞或商品評價，可以的話，直接和該公司聯絡看看更好。

也多多運用自己或好朋友們在學生時期所學，大學時期如果主修化學的話，對於在充電電池核心原料的話題中，就要比別人更快發現取得最多專利、最有競爭力的企業。

如果主修是醫學或生物學的話，就讀看看製藥、生技產業新藥相關論文；如果是電腦工程學或程式設計的話，就要很清楚雲端資安企業中哪個企業最好。就算有高學歷，如果很懶惰或執行力低落的話，當然就很難靠投資來成功。

如果像這樣透過不斷研究和充分驗證找出答案的話，這時就可以毫不猶豫地集中投資。可能會有人會問，這不就違背了前面我所建議的 5 檔個股法則嗎？

並非如此。這時候將充分有把握的首選個股比重，配置在 50% 以上，剩下資金再進行分散是比較明智的；巴菲特在受訪中也說過，如果看不到有把握的個股時，就自然地把個股分散投資的比重提高。我們雖然不是投資之神，但可從成功的前輩身上學到並實踐的話，就能比別人走得更前面。

獲利
思維

勸大家要強制自己進行長期投資,收益率提高的可能性會增加。
這是因為你不是在做單純投資,而是成為股東、成為該企業的主
人,愛著所投資的企業,就不得不提高對企業的要求。

# 獲利高手的三大賣出原則

選定要投資的企業後，買進股票就相對簡單，但如何判斷什麼時候該賣出呢？投資的個股因下跌而產生虧損的時很難賣，相反的，產生收益時也會因為不知該賣在哪個時間點；就算獲利了結，之後如果股價又再繼續上漲，就會後悔太早賣掉。

我也有很多這樣的經驗，或許是貪心所致，但也是人心很自然的現象，因此建立賣出的原則就很重要，除了能盡量增加獲利外，也有助於投資的心態管理（精神健康）。

首先，跟各位分享機構投資人 Growth Hill 資產管理公司的賣出原則。本公司遵循下列的三個賣出原則：**第一是當投資的股票達到目標價時，第二是發現投資當時對於未來獲利預測的假設錯誤時（簡單來說，就是看錯這檔股票），最重要的是第三個原則，就是相較於目前所持有的股票，上漲力道更強的股票出現後要替換時。**

## 📇 賣出原則 ① ：
## 設定要賣出的目標價位

　　當然散戶投資人不容易計算投資股票的正確目標價，我的公司內部規定只能投資海外股票，而在買美股時也常常不考慮目標價就買進。此時碰到的困難，就是每當出現獲利、常常就會產生想賣掉的慾望。例如，買進遊戲引擎軟體第 1 名的公司 Unity，當時漲了 25%，比美股指數多了近 20%，當時美股指數也是反覆震盪的時期，因此對這樣收益率覺得滿意就賣掉了。這個企業特別難計算目標價，是因為雖然銷售成長率很高，但仍是還處於虧損的企業，其實當時就算是特斯拉的 PER 都超過 100 倍，怎麼可能輕鬆就算出賣出的目標價呢？但是多少讓人有點扼腕的是，在那之後 Unity 的股價還多上漲了 20% 左右。

　　即便如此，設定目標股價還是有意義的，例如若一開始就設定產生 20% 的獲利後就賣掉，到達設定目標時，就可以思考是否還要繼續持有更久。因為比起剛開始買進時已經過了一段時間，成長中的企業可能更好或展望變差，所以若達到設定的目標區間時，可在查找新聞和研究報告的同時，思考是否要賣出，以作為基準點，還可以思考看看賣掉該企業後是否還有替代方案，如此一來即便賣出後股價上漲，也能做好心態的管理。

### ● 和去年相比，獲利開始減緩了嗎？

　　對於覺得這種過程很困難的散戶投資人，我想推薦另一個方法，那就是設定「投資期間」。**這裡所稱的投資期間並非絕對時間，而是直到該企業高度成長後，成長率轉為開始放緩的區間。**抓出這個區間的方法會在後面的章節詳細說明，不過最可行的方法，就是找出本季獲利較去年同期相

比開始減緩的時間點，在看本季獲利時，重點不是絕對數值、而是成長率是否有所減緩。

### ● 因話題而飆漲的股價，熱潮消退了嗎？

該企業的熱潮退去時也一樣，注意新聞消息、用邏輯去思考的話，判斷這個時間點並沒有這麼困難。舉例來說，當 Covid-19 疫情擴散到全世界時，出口快篩試劑的公司股價上升了 4 ～ 5 倍；不過，即使當時銷售額大幅上升，也不需要特別花時間判斷這樣的成長是否能夠持續維持，主要企業 Seegene 在 Covid-19 疫情後，股價雖然上漲 10 倍，但在一年後的相較高點卻下跌近 70%。**若是看到企業高成長的趨勢開始減緩時，那就是投資期間結束、可以賣出股票的機會。** 相反地，投資後開始出現虧損而非獲利時，也很難決定是否要賣出，這個部分會在下一章節詳細說明。

## 🏢 賣出原則 ② ：
## 發現判斷錯誤的時候

第二個賣出策略就是發現買進時的假設錯誤時，這時就需要投資人的執行力，也就是當因某種理由買進股票後，發現已經背離那個理由，或者企業狀況惡化的情形。

本公司的分析師們在估算獲利時，在作為估算假設的企業核心數據（例如目標銷售量或價格）變動後，有時改變目標股價後就會馬上賣出。散戶投資人也是一樣的，如果剛開始買進的理由變質的話，在經驗上趕快賣掉是對的，例如大家都期待的 NC Soft 新遊戲，其市場反應或流行不如預期時，或 GC Biopharma 的海外疫苗委託生產訂單延期時，或取得核准出口的

某生技公司，其新藥效果不大時。遇到這樣的結果，**不要盲目期待，要馬上修正策略。**

## 賣出原則 ③：
## 為了買進其他個股，調整持有部位時

最後的原則是當出現了其他更好的股票，這是最值得的賣出理由。明明是未來展望不錯的股票，卻常會出現機構投資人連日賣出的情況，這並不一定代表這檔股票變差，反而有可能是為了買進其他股票而進行投資組合的調整。我們可以確定，機構持續買進的股票是好的股票，但機構賣出的股票也不能認為沒有上漲空間，只是當發現上漲空間更高的股票時，要減少現有的股票才能去買進，這在有限的資金上是很理所當然的方法。

為了買進新的股票，不得不選出要賣出的個股時，比起有獲利的企業，**建議從自己已經買進了很久，或是再怎麼樣都沒什麼變動的個股開始賣起。**

光是賣出就說明了這麼多原則，大家可能會覺得很複雜，不過只要先建立起自己的買賣原則，因應股市的上下波動，跟其他投資人相比，相信你的投資心理就會更加穩健，創造高收益的機率就會更高。

獲利
思維

應該要賣出的時候，若有事先就訂好目標收益率和賣出原則的話，賣掉之後就不太會後悔。至於賣出的標準，可以從該企業的成長何時放緩來思考最有效。

# 攤平成本，只能用在產業 NO.1 的個股上

在投資股票時，常常會遇到價格跌到買進成本以下、進到虧損的區間。

出現 5~10% 左右的虧損，還能氣定神閒地忍耐，但如果虧損率進到 10~20% 的話，就會隱約開始不安了。覺得明明是不錯的企業，也在線圖不錯時買進，這時會開始懷疑是不是還有什麼自己不知道的事，深怕企業績效在下一季也會不好，又或者搞不好機構投資人或超級大戶會實現套利，感到更加不安，開始到處打聽……包含我自己在內，只要是投資人應該都曾經歷過一兩次吧！

雖然沒有正確答案，但我曾經有滿多次這樣經驗，和大家分享一下我的因應對策。說穿了也很簡單，就是兩個之中選一個：**（1）承受虧損、進行停損，或是（2）買入更多以降低買進成本。**至於哪種策略長遠來看更有利？雖然可能聽起來有點荒唐，但在同樣的狀況下，依投資人的投資態度，答案也會不一樣。

# 想逢低加碼，一定要先確認基本面沒事

如果散戶 A 對於買進的股票股價下跌會感到不安與存疑的話，停損就是正確答案。這大多是投資人對這檔個股沒有信心，沒有在充分理解企業下就買入的情形，捫心自問看看，是否充分研究且理解後才進行投資，如果是的話，就可以採取第二種策略，透過買進更多股價下跌的股票，降低買入平均成本，也就是股票市場中的攤平。

其實我身為基金公司的經理人，也是採用相同的策略。重新檢視這家企業的基本面後，投資當時的假設或獲利沒有改變，只是股價下跌的話，就追加買進。這是非常有利的策略，**若該企業的股價相較最初買進成本下跌 20% 的話，換個觀點來看，就是能用比當初預計還要低 20% 左右的價格買進該企業的股票。**

當然，股價有它之所以下跌的原因，若不是基本面的壞消息，而是供需導致的暫時性下跌等狀況，就有必要重新檢視，此時若確定沒有問題的話，就大膽地追加買進，直接趁此機會拉低買進成本。

當然，因為是基金公司的經理人，才可以打電話詢問或去企業現場探訪，但散戶們無法這麼做，即使為好好撐過這種沒有道理的股價下跌，散戶投資人應該投資在最瞭解的類型或跟該產業別的第一名股票相同優良的企業。

# 不是每次逢低買進，
## 都叫做「攤平」！

　　簡單摘要的話，若投資在產業中第一名的企業，每當股價下跌、分批買進時會非常有利，但是如果在其他股票上，因為期待一時的熱門主題或好消息而買進的話，就不要進行攤平。**尤其越是無法得知下跌原因，就越需要小心，另外就算有股票被套牢，也不要長期放著不管比較好。**

　　強調要投資產業內第一名的企業是有理由的，產業週期強的企業如果不是在高點買進的話，大部分第一名的企業都是擁有品牌或競爭力的大企業，這種企業在 KOSPI 上漲時具有強勁的復原能力，所以就算現在受歡迎概念股的收益率華麗且不錯，但即使發生像 Covid-19 疫情這樣無法預測的危機，第一名的企業們也能把自己從危機中救出來。

獲利
思維

　　　上市產業中第一名的企業，就算在股價下跌時，也能安心地買進、
　　降低持有成本，相反地，無法支撐績效的企業則不能這樣做。

# 出現難以判斷的利空消息時，
# 先賣出一半

　　如果自己持有的個股出現壞消息的話，要如何因應才能將損失減到最低、減少擔憂呢？其實壞消息也分成很多種，需要先分辨是哪一種之後再因應。首先，**有該企業所在產業發生的風險以及該企業自己的風險，另外還有市場風險**，這是會影響整個股市，就像突然升息或戰爭這樣的因素。

## 📖 短期的整體利空新聞，
## 別為股價下跌緊張

　　首先，如果是整個產業發生風險的話，舉例來說投資大韓航空的人就會受航空產業影響，投資 Paradise 的人就會受博弈產業的影響。因無法預測的事件，像是在中東爆發戰爭導致原油價格急漲，又或者是 Covid-19 疫情導致各洲大陸移動受限，這明顯就是這些航空公司難以承擔的壞消息。

　　如果這樣的新聞一出來，投資人在初期的因應對策就很重要，得馬上先判斷這個事件是造成短期還是長期的影響。我們雖然都已經親身體驗，

在 Covid-19 疫情擴散期的 2020 年上半年，一開始就賣掉航空類股就對了，因為當時怎麼想都知道要等到 Covid-19 治療劑或疫苗完成開發，還需要很久的時間，這個問題長期化的可能性很高，即使在一開始沒有賣掉，後來也要漸漸賣掉才對。而實際上，就算股價指數因政府供給流動性的政策反彈時，航空類股股價收益率也仍頹靡不振。

相反地，像過去 911 恐怖攻擊這樣的國際間政治衝突，是暫時性壞消息的可能性很高，不會對企業績效有長期的影響。這類事件往往在爆發的瞬間股價就已經暴跌到底的可能性很高，反而不能在那時賣掉，因為隨著後續政治性的因應對策出現後，股價就會有恢復的機會。判斷的依據在於若是一次性反映在股價上的壞消息，就不能用短期內賣出的方法因應，相反地，**若是會長期影響股價的事件，用其他個股來替換比較可取**，通常會持續影響股價的情況，就是會持續損害企業獲利的情況，用這樣去區分會比較容易。

我們也不會因為發生恐怖攻擊就不喝可口可樂或不看 YouTube 吧？當企業獲利不會因這類壞消息而變差的個股，股價跟著市場大盤一起下跌時，就是撿便宜的機會。

## 🏛 專業操盤手的 3 大避險原則

而個別企業的壞消息就是很難避免虧損，是最嚴重的狀況。例如，在企業績效比預測值更糟的消息流出的瞬間；或者臨床實驗失敗時；還有最後突然出現可取代的技術時等等，透過以下這些假設案例來看看，這些因應原則就是我在管理基金時實際使用的方式。

## ●（1）實際公布的績效，低於市場預期

　　一個一個案例來看，**若是實際績效低於市場預測值的消息公布時，首先最好馬上把一半持股賣出**，接下來再去透過各個管道瞭解績效不好的理由是什麼。由於瞭解績效不如預期的原因需要花很多時間，全盤瞭解後再賣出反而會有風險，所以才要先拋售一半的持股。

　　如果企業競爭力沒有疑慮，只是單季度的問題，可慢慢把賣掉的量買回來；相反地，如果發現影響理由是會帶給企業中長期影響的基本面因素，就選擇把剩下一半的量也全部賣出。

## ●（2）發生直接影響公司未來營收的事件

　　接下來第二種情形，是市場預期出現偏差、影響企業的未來時；**這種時候，最好閉上眼睛，馬上出清停損為佳。**常見的狀況有臨床實驗失敗、或主要客戶訂單告吹，就是通常會對企業未來價值有很大影響的案例。

## ●（3）該家公司產品出現強力競品

　　最後是出現可取代的技術或強力競爭者的新聞，此時即使股價大幅下跌，很多情況是在充分忍耐的同時，可以伺機等待反彈的。分享一個我個人的經驗，2021 年本公司的投資組合中，在充電電池正極材料生產業者 L&F 與 Eco Pro BM 這類股票上，占據很大的投資比重，那時新聞曾經大幅報導，特斯拉和福斯等企業，即將選擇成本較低、中國所使用的磷酸鐵鋰電池（LFP）方式，而非韓國正極材料企業主要技術的鎳鈷錳電池（NCM）的方式，而當天股價各下跌 10%。

　　本公司的基金經理人和負責充電電池的分析師召開緊急會議，以研究報告與電動車相關統計為依據，得出未來電動車市場會二分為使用中國生

產的低價電池與韓國生產的高價電池市場後持續成長的結論。

在隔天起，每當股價下跌，就提高投資 L&F 的比重，不到一個月後，開始公布當季獲利的這些個股，紛紛創下歷史高點。這雖是實際的案例，但像這樣出現替代品或技術上的變化，並非突然發生，**有些新聞看起來像壞消息，但這種壞消息所造成的影響，卻不是在研發階段，而是在實際量產這種產品的時候。**

其實散戶投資人的確難以針對每則利空消息全部進行判斷，但是如同上述案例，在不知道的情形下，原則上先拋售一半停損，然後再將利空訊息分為長短期的角度來看，確實會很有幫助。

> **獲利思維**
>
> 利空新聞發生時，應先準備好因應對策，如果捨不得虧損而無法賣出，反而會帶來更大的損失。

# 兩大投資理論，告訴散戶
# 別為市場震盪苦惱

　　在投資股票時，有兩個理論對於投資很有幫助。首先是主修企管的人應該都學過的「效率市場假設」（Efficient Markets Hypothesis），簡單來說，市場是非常有效率的，投資人可以獲得的已知資訊，早已全部反映在股市上了。

　　我是 1999 年在美國羅徹斯特大學（Rochester）念 MBA 的時候學到這個理論，當時聽到現已離世的 Michael J. Barclay 教授講授效率市場假設相關課程內容時，剛開始忍不住感到錯愕，因為股市已經是有效率的反映出所有事情，甚至新的資訊一出來就會立刻反映，在這樣有效率的市場中，投資股票幾乎沒有能獲利的空間。

　　對於當時剛辭去證券商分析師工作，懷抱著遠大夢想來到股票聖地華爾街大本營的我來說，雖然很想強烈的反駁，但身處有 50 名學生的教室中，首次於 1970 年代發表這個理論的芝加哥大學尤金‧瑪法（Eugene Fama）教授，還拿到諾貝爾經濟學獎，我又怎麼好當眾反駁、說出自己的想法呢？

　　當然這個假說還提出，若為「弱式效率（市場）」（Weak Form

Efficiency，表示目前的股價已經充分反映出過去股價所呈現的各項資訊，當弱式效率越高，以過去股價和成交量為基礎的技術分析來進行未來的股價預測，將會十分不準確），資訊在股價上反映有限時，除了「強式效率（市場）」（Strong Form Efficiency，表示現在的股價已經充分反映出所有已公開和未公開的資訊，投資人無法透過得知內線消息獲取暴利）外，也為還能繼續投資股票留下空間，詳細理論內容希望各位能找來看看。

## 要考量過去實績？還是分析未來競爭力？

那麼重點在於，這個假說要用在哪裡？歷經在股市長久的投資，後來我終於領悟到這的確是很重要的理論。如果依照這個理論，A 這檔股票所有資訊都已被反映出來的話，事實上在預測該企業的股價時，就不需要知道過去的狀況；**反過來說，企業未來展望才是對往後股價更重要的事**，當然應該要了解企業經營者的能力等過往，但這個理論在考量估值時使用的話非常有用。

例如三星電機的長期平均 PER 是 20 倍，而三星電子的長期平均 PER 是 10 倍，那麼投資人可能會認為三星電機太貴，誰都不想買或者把它當放空標的，特別是投資人在一開始接觸該企業時，更無法理解它的高 PER，這時使用效率市場假說的話，對於該企業的估值，就沒有獨自苦惱的理由了，因為它已在市場上被認可是一間高 PER 的公司，無須多花心力思考，只要集中在三星電機未來的獲利展望即可，該公司的獲利若比預估更好的話，股價就會上漲，反之就會下跌。

可以視為因為它是數百萬名以上的投資人在看的大型股，是有效率且

過去的資訊已經都反映在股價上（事實上三星電機因為比三星電子變動性[Beta] 更高，當產業變好時，獲利會大幅變好，所以從以前開始相對形成較高的 PER）。像這樣效率市場假說理論活用價值高，在持續強化公告重大訊息這一點上的韓國股市，也漸漸成為更強式效率的市場，**那麼比起內部訊息，企業的商業模式或競爭力分析就變得更重要**，因此對散戶投資人來說，投資也會成為一場較為公平的遊戲。

## 無論發生多大的變動，市場最終會回歸穩定

　　第二個可讓散戶在投資時活用的理論，是知名投資大師喬治・索羅斯的「反射理論」（Theory of Reflexivity），用比較難的百科辭典方式來說明的話，「社會所有的現象，都是透過認知功能與操控功能互相影響後的相互循環關係」，這到底在說什麼？我在閱讀喬治・索羅斯的著作時，也覺得這是個不簡單的理論。但重點在於人類世界不會如自然法則般發展，而是透過互相介入，創造出全新意料之外的局面，且說的是比起形成經濟與金融市場間平衡，反而是會先達到如泡沫的極端情況後，才會找回穩定的循環。

　　舉例說明的話，2008 年美國發生從不動產開始引爆的金融危機，當時雷曼兄弟破產，導致許多金融機構受到巨大打擊。那時美國 S&P 500 股價指數在六個月內從 1,400 點砍半跌至 700 點，像這樣指數跌幅大的原因，是因為當時尚不知不良槓桿商品規模有多少，以及覺得許多銀行很可能會破產的恐懼高漲，**最終陷入恐慌的投資人們，不顧美國經濟的健全體質，走向了最極端的狀況，不斷拋售手中的持股。**

　　這樣的股價指數重新回復到雷曼事件以前的股價，只花不到一年的時間，結果在雷曼兄弟破產日（2008 年 9 月）以後急著拋售股票的大部份投資人們，都面臨虧損的結果，這裡若使用反射理論的話是可以阻止這樣的失誤的。

　　我所理解的反射理論剛好如同儒教中的正反合理論一樣，有許多能造成反作用力的主體存在，例如若放任擠兌（存款提領事件）的話，美國就會持續陷入無法收拾的危機中，但美國政府透過強力介入，在雷曼兄弟破產後，以巨大的流動性供給政策，承諾不會讓銀行們破產，當時有史以來首次執行的制度就是「QE」（Quantitative easing）量化寬鬆政策，也就是無限供給流動性的政策。其實若真的要採取強力的手段，連雷曼兄弟都不要讓它破產，暫時將其國有化才是正確的也說不定。

　　最終，枉顧有力的美國政府與聯邦銀行的介入，到最後都還在拋售股票的那些人，在恐懼中連有美國政府力量的存在都忘記，市場上常有這股反作用力存在，而大型金融機構們最後也以絕對不能跌入深淵的強烈信念，再次讓金融市場回歸穩定。

　　索羅斯是宏觀對沖基金的大師，1992 年以放空英鎊（匯率投機）狙擊英格蘭銀行（BoE）的事件就是知名的軼事，他有美國政府與猶太人的力量與資訊作為後盾，因為如此，才可以英國政府為對象，透過槓桿進行強力的方向性投資，他在超過 80 歲後撰寫的著作《索羅斯帶你走出金融危機》（*The New Paradigm for Financial Markets*），搞不好這就是他自己的自白也說不定。索羅斯提到，因為那些**擁有資訊的超級力量，會反過來利用人類本能的貪慾和恐慌，要大家必須小心，且因為互相預測對方動作並同時做出相反的行動，所以會形成新的平衡點與秩序。**

　　之所以強調這個理論，是因為還有一個可活用的力量。韓國的散戶大

軍是從經歷過名為韓國 IMF 危機的金融危機與雷曼事件，學習到非常多的「投資的民族」，因此在 2020 年 Covid-19 疫情發生時，相對急著作停損的機構與外資，他們反而是從低點開始買進，最後光以股價來看，不管是 Covid-19 疫情或雷曼事件，都在事件的 6 個月到 1 年之間完全恢復。

　　雖然不知道下次又有何種危機或國際政治變數發生，但危機不會只走向單一方向，我們都需要好好活用那些意圖創造新平衡點的勢力們會互相進行角力的這一點。

獲利
思維

　　「效率市場假說」強調「股價反映的是企業未來」，是很重要的理論，散戶不需要執著煩惱股價的未來估值。另一個「反射理論」，則是即使世界看起來要毀滅，但仍會有超級力量去改變結果的正反合過程。

# 買進前，投資專家
# 一定會檢查 5 個關鍵

我常常很好奇「投資人們決定買進股票前，通常會花多少時間思考」？當然，根據不同類型的個股，決定的時間會有很大的不同，但是即便是平常熟悉的大企業，買進時間點不同，收益率也會有很大差異，所以需要好好思考買進的理由。

更何況是不熟悉的企業，如果有了要買的理由時，似乎就需要做更多的確認和思考才行，且買進的理由包含專家推薦、自己對該產業的信心或對該企業的訊息等等，有很多種。但是不管是何種理由，在按下買進按鈕前，想問問各位是否已經確認過這些內容了？在這一章的內容，為個性較急的投資人介紹決定買進的 10 分鐘前，可以用於確認的重點檢查法。當然，如果是自己已經徹底研究且有信心的個股時，可以把這些重點檢查視為最基礎的檢驗。

> **案例** 看到電視／網路上有專家推薦的個股「LG Innotek」
> 因供應蘋果的相機鏡頭銷售量攀升，績效值得期待，線圖上也呈

現多頭排列，RSI（Relative Strength Index，相對強弱指標）上出現買進訊號。

已經知道要買進這支個股的理由，可以打開證券商交易系統中的企業資訊頁面進行基本面確認。在企業資訊中，首先要來看企業績效的部分。

## ① 企業績效：先看年度獲利，再比較每一季的績效

企業績效先看年度、再看季度會比較好，下列案例在 2021 年營業利益約為 1.2 兆韓元，與前年度相比增加將近 100% 的數值，且看好 2022 年營業利益達到較前年度成長 15% 的 1.4 兆韓元，2023 年也能達到 1.6 兆韓元的穩定成長。成長率最大時，股價雖然也很好，但績效變好的理由就必須透過證券商分析師的報告去一探究竟。

LG Innotek 從 2016 年以來獲利更上一層樓，除了正在供應的 iPhone 用相機模組外，對於多元應用擴大的期待也讓它的股價持續成長，接下來把年度更改為季度，來看看季度獲利。

**若看季度獲利，就需要與前年度同期相比**，2021 年 9 月的營業利益是 3,357 億韓元，相較前一年同期增加 315%，而股價就是在這個時候開始大幅上升，且第四季也較前一年同期成長近 26%，**這裡的重點在於要確認季度獲利是否被上調**，可看證券商分析師的盈餘修正比例即可。

到 2022 年初，第一季起的利益都被認為會相較去年同期下跌，但到了四月，該公司的預估利益卻已上調了 5%。因此只要能活用季度獲利，就能

## 【先看年度獲利、再比較季度獲利】

（單位：億韓元）

| IFRS (合併) | 年度 | | | | | | | |
|---|---|---|---|---|---|---|---|---|
| | 2017. 12. | 2018. 12. | 2019. 12. | 2020. 12. | 2021. 12. | 2022. 12.(E) | 2023. 12.(E) | 2024. 12.(E) |
| 營業收入 | 76,414 | 79,821 | 79,754 | 95,418 | 149,456 | 164,997 | 175,584 | 188,930 |
| 營業利益 | 2,965 | 2,635 | 4,764 | 6,810 | 12,642 | 14,488 | 15,918 | 17,277 |
| 本期淨利 | 1,748 | 1,631 | 1,023 | 2,361 | 8,883 | 9,903 | 11,031 | 11,553 |
| 股東應佔淨利 | 1,748 | 1,631 | 1,023 | 2,361 | 8,883 | 9,858 | 10,971 | 11,716 |

| IFRS (合併) | 季度 | | | | | | | |
|---|---|---|---|---|---|---|---|---|
| | 2020. 12. | 2021. 03. | 2021. 06. | 2021. 09. | 2021. 12. | 2022. 03.(E) | 2022. 06.(E) | 2022. 09.(E) |
| 營業收入 | 38,428 | 30,703 | 23,547 | 37,949 | 57,231 | 38,467 | 28,887 | 41,918 |
| 營業利益 | 3,423 | 3,468 | 1,519 | 3,357 | 4,298 | 3,309 | 2,131 | 3,958 |
| 本期淨利 | 1,211 | 2,514 | 1,473 | 2,271 | 2,625 | 2,358 | 1,647 | 2,710 |
| 股東應佔淨利 | 1,211 | 2,514 | 1,473 | 2,271 | 2,625 | 2,243 | 1,403 | 2,785 |

資料：未來資產 HTS

成為該在何時進場買入、何時實現套利的指引，若能確認季度績效是上調或下修，就能取得更有力的交易效果。'

## ② 估值：評斷是否為正常的上漲，避免高估

如同前文不斷提到，估值若是在績效處於上升趨勢時，就不需要太花心思在上面，但若績效自上升趨勢中開始反轉時，它就是非常需要注意的要素（factor）了。

首先看 PER 河流圖的話，該公司過去 PER 約在 7 倍到 30 倍之間移動，2021 年初以後即使股價上漲 100%，12 月底的 PER 約 9 倍，獲利的上升對於估值完全不造成負擔，相反地，以 PBR 河流圖來看的估值，過去約在 1 倍到 2 倍間移動，現在已更新到最高值 2.2 倍，但卻不能單純把這視為被高估，原因是過去 ROE 都停留在不到 10%，而現在則是已經達到 30% 的高收益率的緣故。

ROE 是用來看股東權益的收益率，對股東而言是相當重要的數字，與 PBR 有著密切的關係。**上述確認 LG Innotek 估值的結果，雖然股價大幅上漲，但這是有大幅上升的獲利作為基礎，因此是健康的上漲，而非高估。**如果在檢驗其他企業時，若 PER、PBR 的位置在河流圖上相對低的位置上，且獲利向上調整的話，就能給它很高的分數來活用即可。

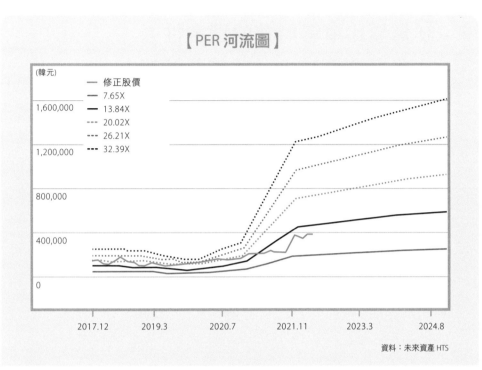

【PER 河流圖】

(韓元)

— 修正股價
— 7.65X
— 13.84X
---- 20.02X
---- 26.21X
····· 32.39X

1,600,000

1,200,000

800,000

400,000

0

2017.12　　2019.3　　2020.7　　2021.11　　2023.3　　2024.8

資料：未來資產 HTS

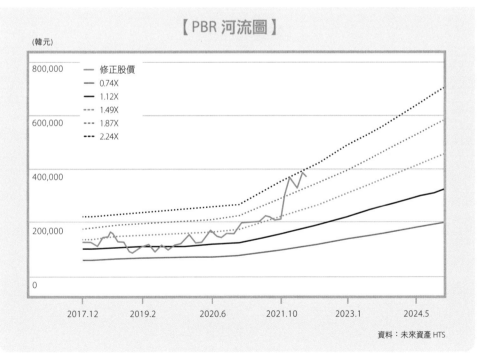

【PBR 河流圖】

(韓元)

800,000

— 修正股價
— 0.74X
— 1.12X
---- 1.49X
---- 1.87X
····· 2.24X

600,000

400,000

200,000

0

2017.12　　2019.2　　2020.6　　2021.10　　2023.1　　2024.5

資料：未來資產 HTS

## 🏦 ③ 負債比率等財務的穩定性：
## 公司市值越小，就越要確認！

即使時間不多，也務必要確認「財務穩定性」！首先，看「總負債」對比「總資產」後的負債比為 133%，並持續降低中，接著就需要看可展現股東權益中淨負債比重的「淨負債權益比」，28% 並不是太高，如果該數值高的話，就要看利息保障倍數，此為顯示營業利益相較於年度利息費用為幾倍的指標，這裡為 30.8，因為利益比起利息足足多達 30 倍，因此無需再多檢驗。

像這樣的優良企業馬上就能通過檢驗，但淨負債權益比高，獲利少的公司就必須連存貨周轉率、營運資金周轉率等活動性的指標都要檢查，**這**

### 【穩定性比率】

（單位：%，億韓元）

| IFRS（合併） | 2017.12. | 2018.12. | 2019.12. | 2020.12. | 2021.12. |
|---|---|---|---|---|---|
| 流動比 | 109.5 | 141.0 | 123.7 | 138.4 | 124.3 |
| 速動比 | 83.8 | 108.1 | 99.8 | 100.8 | 82.2 |
| 負債比 | 201.3 | 171.7 | 161.8 | 148.7 | 133.6 |
| 保留比 | 1,548.8 | 1,690.3 | 1,763.3 | 1,951.8 | 2,701.0 |
| 淨負債權益比 | 58.1 | 71.1 | 51.2 | 42.9 | 28.3 |
| 利息保障倍數 | 8.9 | 4.9 | 7.5 | 13.7 | 30.8 |
| 股東權益比率 | 33.2 | 36.8 | 38.2 | 40.2 | 42.8 |

資料：未來資產 HTS

種指標代表實際營業活動是否順暢以及資金是否充足，<u>越是市值小的企業，就更要確認</u>，萬一是營業惡化、借款增加的企業，即便有取得大筆訂單的消息，或是專家的推薦，都不要理會、直接跳過比較好。

## ④ 檢視三大法人的買賣超：專門投資機構可參考，但別盲目跟進

籌碼是用來檢驗法人（外資、券商、基金公司等機構）是買超還是賣超，這種檢查就如同紅利一樣，因為一般法人投資人比散戶投資人擁有更多資訊，這並非代表法人擁有散戶所不知道的內線資訊，<u>而是他們除了吃飯外，一整天在做的事就是分析企業，所以可以透過更多的確認後再買進，是比較值得信任的決策</u>。不過，法人買進的股票也常看到下跌，也並非絕對正確。另外，外資穩定買進的意義，代表著適合長期投資，但是「外資買賣」一定只有在長天期趨勢的買超下才有意義。

這是因為在近期對於像 ETF 的買賣，或實際上並非外資但卻分類為外資的 CFD（Contract for difference），這樣沒有意義的買進趨勢增多的緣故。CFD 是利用高槓桿，讓自己原本只有的 10 可以交易到 100，用來提供給專業投資人的工具，主要是外資證券商提供這項服務，所以會被分類為外資。

我認為許多散戶投資人會因為危險投資而承受巨大損失，政府必須要對此嚴加控管，散戶投資人很有自信地認為自己是專業投資人而挑戰這項工具，但只要下跌 10%，那麼所有投資就會成為壁紙。

結論是，國內法人的籌碼動向更重要，而外資籌碼建議參考持續增持的長期籌碼即可，非要再進階的話，國內機構的籌碼可以再細分為金融投資、銀行／保險、年基金、私募基金等，其中年基金買進的籌碼是更長期

## 【個股別法人買賣動向（期間累積）】

資料：未來資產 HTS

的籌碼，代表的是國民年金或郵政事業部這樣國內第一、二名的投資機構，或者是這些機構選擇的資產管理公司所決定買進的，與私募基金和金融圈的籌碼都是優良的籌碼。其中若非得要分類出短天期的籌碼，那麼就是金融投資，這是證券商直接以自有資金進行自營交易創造絕對收益，相較起來短天期投資較多。

綜合來看籌碼分析，如果是擁有較多資訊的機構、券商和外資這些籌碼都持續買進的話，那絕對就是好的企業，體質健全，可以長期投資。

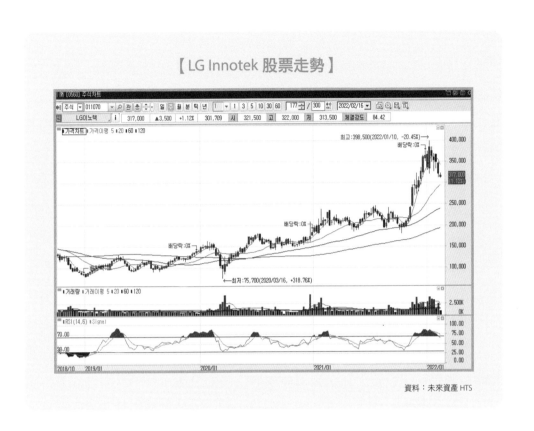

【LG Innotek 股票走勢】

資料：未來資產 HTS

## 🏦 ⑤ K 線圖與乖離率：
## 了解利多消息反映在股價上的歷史

　　我的看法是 K 線圖其實沒有太大意義，不需要仔細研究。股價並不會反映過去，而是反映未來，具有隨機漫步的特徵，會跳到哪裡誰也不知道，即使 K 線圖排列得很完美，如果預期訂單量或績效無法滿足的話，就沒有任何意義。

　　不過還是有可以有效活用 K 線圖的方法，藉由將過去的統計數字按照

時間排列，看到股價何時上漲多少。

　　K 線圖能看出有利多消息的企業股價會反映到什麼程度。來看 LG Innotek 的週線，從 2019 年以後的 K 線圖來看，可看到 2021 年第三季以後股價攀升，如同前面檢視季度績效時看到的，能看到從獲利大幅增加的季度起，股價開始上漲，可說 K 線圖此時已反映出企業績效增加，且更多的市場參與者發現後也跟著買進。

　　已經知道該公司的績效會變好，但股價卻沒動靜的話，那這就代表你比其他人還要更早發現這件事，因為我們都不知道別人到底知道了多少，若同時能找出新聞和研究報告結合來看的話，就幾乎能夠理解 K 線圖的走勢了。

　　早在 9 月時就有上調獲利預測的報告釋出，也有正面的新聞紀錄，但是在那之後才被推薦或發現的人，在後來的時間點覺得好才開始買進，**K 線圖可說是紀錄投資人對企業績效如何反應的歷史。**對於這些過程覺得麻煩，或對 K 線圖急漲的企業覺得不安而不敢跟進的投資人，請重新再看前一章強調長期成長企業的部分，如果對企業價值的方向和目標價有定論的話，其實不要用 K 線圖庸人自擾比較好。

　　只要確認上述 5 項內容，幾乎可說已涵蓋到所有基本該確認的要素了！當然還需要更深入地去研究證券商的分析報告與整個產業相關的分析報告等等，本章內容只是簡要地提到在按下買進鍵前一定要檢查的基本重點。

　　如果過去連這種程度的檢查都沒有，就憑感覺著買賣的話，希望以後可以多投資 10 分鐘在買前五大項檢查上，重要的是經由這個過程，雖然大多不會改變心意，但至少能夠確信「那這檔不能買太多啊！」或「這檔買多點也完全不用擔心啊！」，若反覆進行這種檢查的話，即使專家再怎麼推薦，也能夠依照自己的基準過濾雜音和資訊了。

獲利
思維

績效、估值、財務穩定性、籌碼、K線圖——是按下「買進」之
前一定要花 10 分鐘檢驗的重點,其中「績效」的檢查尤為重要。

PRAT

2

# 投資的實戰

# 理論篇

第 **3** 章

# 解析政策與指標
# 如何反映漲跌

# 「利率」是投資之海當中的指南針

　　景氣循環並重複著繁榮與低迷的週期，通常以 5~10 年為單位刻畫出循環週期，會產生景氣過熱，也會因為像 Covid-19 疫情這樣出乎意料的事件而迎向景氣低迷。

　　股市的反應會領先於景氣的週期，在踏上名為投資的航海旅程時，能認知到目前我們究竟身處泡沫和景氣低迷中間的哪個位置，就如同手握著不可或缺的地圖和指南針；至少要具備知道何時能出航、對於即將到來的颱風要如何避開的基準，才足以成功。

　　那麼我們就從最重要的「利率」指南針，以及「景氣」的地圖開始看起吧！

## 「升息」之後股價下跌，半年後就會漲回來

　　「利率」是現階段對於現金需求相應的值，**通常在利率上升的週期，**

**股市會朝著同個方向上升**，這是因為在景氣蓬勃時，企業的投資和個人的消費支出增加，因而現金需求增加的緣故，所以在利率上升且景氣好時，股價當然也會同步上升。

相反地，利率往下走時，就是景氣下跌，或者政府為扶植低迷的景氣而降低政策利率釋放貨幣流動性的時候，股價當然就不會好。

因此掌握利率的水準與方向相當重要，根據利率水準來看景氣和股價的位置吧！舉例來說，最能當基準的就是美國十年期國債利率，如果停在 1% 水準的話，就是景氣處於低迷或資金需求見底的局面；看過去十年來的數據，利率高時約落在 3% 的水準，2020 年因 Covid-19 疫情，最低時則曾達到 0.6%。

但到了 2022 年第 2 季時，美國國債利率變動劇烈，在 3 月前還穩定在 2% 以下的利率，光 4 月一整個月就上升到 2.8%，接近過去利率變動區間的上緣，這是受到 Covid-19 疫情與烏克蘭戰爭影響下，經歷了過去四十多年都未曾有過的強烈物價上升造成的，必須將這個現象與其他利率週期分開來看。

對於這種通膨的擔憂，美國聯邦準備銀行從 3 月起首次升息後，預告未來將採取強力的升息政策基調。前面雖然有提到通常利率上升時會伴隨景氣恢復，股價會跟著同步，但在 2022 年第 2 季所經歷的，是 40 年來通膨最高的特殊狀況，會先針對一般的利率週期說明後，再回過頭來看這邊的特殊狀況。

2022 年 3 月聯準會首次調升政策利率後，美國與韓國股價指數理所當然地下跌，即便沒有戰爭或 Covid-19 疫情的過去，在首次升息開始時，股價相對都會受到較大幅度的調整，這是因應政策變化和流動性減少的擔憂而有的反應，並不代表股市整體趨勢的改變。

## 【美國升息開始時，S&P 500 指數都會先下跌、後漲回】

| 時機 | 1994 年 | 1999 年 | 2005 年 | 2018 年 |
|---|---|---|---|---|
| 股市跌幅 | -8.9% | -12.1% | -7.2% | -10.1% |
| 恢復到先前高點所需時間 | 7 個月 | 4 個月 | 5 個月 | 7 個月 |
| 先前高點日期 | 1994.2.3.<br>（480pt） | 1999.7.16.<br>（1,418pt） | 2005.3.7.<br>（1,225pt） | 2018.1.26<br>（2,872pt） |
| 低點日期 | 1994.4.4.<br>（438pt） | 1999.10.15<br>（1,247pt） | 2005.4.2.<br>（1,137pt） | 2018.4.2<br>（2,581pt） |
| 恢復到先前高點的日期 | 1994.8.30<br>（476pt） | 1999.11.18<br>（1,424pt） | 2005.7.15<br>（1,227pt） | 2018.8.27.<br>（2,896pt） |

資料：Growth Hill 資產管理、KB 證券

　　作為參考，來看過去 30 年間 4 次升息案例的話，**可以看到每次在首次進行升息時，股價都會呈現下跌約 10% 的趨勢，但平均約在 6 個月後就會出現新高點、且股價會持續上漲。**

　　那麼在利率上漲的區間，股價只會持續同步嗎？雖然這會依照當時潛在經濟成長率水準而有不同，但國債利率上升到某個臨界點的瞬間，股價就會轉換為下跌。例如最近期的案例，在 2016 年 ~2018 年升息週期中，美

國 10 年期國債利率從 1% 初上漲到 3% 的區間，股價同步上漲，但 2018 年 9 月超過 3.2% 之後，就開始就轉換為下跌了。

像這樣利率和股價週期重複出現的理由，簡單條列如下。

**第一，過度的升息，從企業或有貸款的家庭立場來看，利息負擔會增加。**企業支出利息費用越多，淨利就會減少，而個人可處分所得也減少，所以高利率成為負擔。

**第二，因債券利率上升，相對之下股票的投資魅力就降低。**歷史上來看，股市平均的期待收益率約為 7~10%，若美國國債利率升高到 3% 以上的話，屬投資等級的優良公司債就會升到 5% 水準，屬風險資產的股票相較於這類安全資產，其相對收益率差異減少的話，隨著股票的魅力降低，投資債券的魅力增加，就會發生資金從股市流出的現象。

## 通膨或景氣造成的利率上升，對股價影響大不同

因為這樣的理由，**要掌握股市處於何種位置，美國 10 年期國債利率的水準可說是非常重要的晴雨指標。**簡單摘要的話，利率在 1% 附近的景氣蕭條期，就增加股票比重；在 3% 以上走向過熱的話，漸漸減少比重會比較有利。

在 1980 年代中期，美國國債利率曾超過 10%，且維持了不短的時間，這是因為當時美國經濟成長率達到 7%，當然利率也是成長率的函數，所以比起絕對數字，基準利率的上限，則是要拿成長率持續下降的美國在過去 10 年的趨勢來看。那麼以接近 3% 的國債利率來看，是否代表景氣和股價指數已經來到高點了呢？我並不這麼認為。

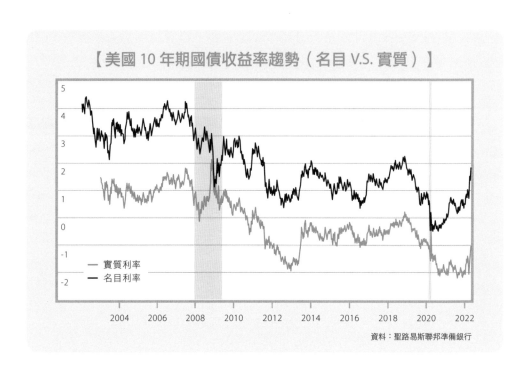

【美國 10 年期國債收益率趨勢（名目 V.S. 實質）】

實質利率
名目利率

2004　2006　2008　2010　2012　2014　2016　2018　2020　2022

資料：聖路易斯聯邦準備銀行

　　根據由通膨帶來的利率上升，還是由景氣因素導致趨勢上的利率上升，對於股價所造成的影響大不相同。事實上除了通膨之外，實質利率對股價影響更大，現在我們在看的利率叫做名目利率，而名目利率是由實質利率＋物價（通膨預期）所組成，目前美國 10 年期國債收益率為 2.8%，而現在通膨預期（Break even Inflation）為 2.9%，所以實質利率僅 -0.1%，實質利率是負數，代表景氣仍處於低迷期，還未能完全恢復的意思。作為參考，在過去 40 年間實質利率為負數的狀況，除了景氣蕭條期外並不常見。

　　像這樣將實質利率分開來看，是因為即使是相同水準的高利率，也需要是反映景氣恢復，實質利率才會升高，伴隨投資與消費都活絡的實體經濟恢復的時侯，才稱得上是正常的利率週期。

　　而在 2022 年第 2 季，則是因為物價壓力不得不讓聯準會採取強烈的緊縮政策，若該效果不會對景氣有太大的負面影響，且物價也能在某種程度上回穩的話，景氣恢復週期重新開始的可能性就大，但聯準會似乎已經錯過首次升息的最佳時機，遲來的過度緊縮可能會將景氣週期困在一個範圍內，尚須密切關注。

獲利
思維

過去美國 10 年期國債基準名目利率在 1% 水準的景氣蕭條期，就要提高股票比重，走向 3% 以上過熱的話就要漸漸降低比重，這是一般的股價週期。但在像現在這樣罕見的通膨狀況下，更需要注意實質利率的水準。

# 對於美國聯準會來說，
# 物價和失業率哪一個更重要？

如同前一章提到的，利率受到物價、經濟成長率、政府政策等各種變數影響。物價雖難以預測或控管，但左右著全球金融政策的聯邦準備委員會（Fed，聯準）的政策方向，在某種程度上是可預測的。聯準雖然也會做出錯誤的政策，但這也代表溝通真的是非常重要的。

## 失業率和物價，直接影響聯準政策的兩大關鍵因素

聯準最基本的政策目標，就是當景氣陷入低迷時釋放資金、扶植景氣；因景氣過熱發生通膨時，透過升息等方式防止泡沫，穩定民生。包含大恐慌在內，重複著政策的失敗與成功，經過不斷的補強與修正，才能確實地做好目前的角色。**若能理解身為掌舵手的聯準會在變更利率時用來判斷的標準，我們的投資眼界將會更開闊。**

利率週期與聯準的政策利率升息是同步的，讓我們來看看聯準何時會

準備升息的機制。

**當聯準決定政策時，最重視的兩項就是「就業」和「物價」**，兩項都是相較於企業，與家庭（民生）更密切的項目；為什麼失業率和物價在政府政策上最為重要，這在下一章會透過人文角度進行說明。

首先從失業率來看，美國所認為的充分就業約是在失業率 3~4%，除去暫時的摩擦性失業（frictional unemployment）外，就是充分就業，過去 30 年平均約在 4%，但持續有所改善；工作機會豐富且失業率降低的話，透過薪資所得上升，消費變得活絡等良性循環的經濟活動，景氣就會維持活絡趨勢。

下一個是物價，美國政府十分重視個人消費（Personal Consumption Expenditure），其中除了油價這樣的能源價格以及食品項目外的個人消費支出（Core PCE），在決定政策時被認為是最重要的部分；消費者物價指數 CPI（Consumer Price Index）就是這裡最重要的代表性物價指數，其中核心消費者物價指數（Core CPI）又更重要。

## 🏛 容易被其他因素影響的物價，不能列入參考

那麼為什麼要從物價中去除能源和食品價格呢？這甚至還是我們日常生活中被認為是最重要的要素。這是因為聯準的貨幣政策是一致性且可被預測的，必須慎重進行才不會對景氣有害，例如若因為短期指標變動頻繁，而在一年內多次重覆升息又降息的話，就會讓實體經濟陷入混亂。

首先，**油價（能源）除了景氣外，也受到許多國際政治情勢的影響**，因中東和俄羅斯等國家在政治目的下反覆減產或增產，價格變動大，若把

這些都反映進每次的決策中的話，就會產生前面提到的一致性問題。

　　**穀物價格也是一樣，會因乾旱或是颱風這種氣象災害，價格變動大，**對於價格急漲的穀物，農夫們會增加種植，在下一年度其價格反而會下跌，所以反而不需考慮這個因素。

　　相反地，聯準認為最重要的因素就是因所得增加而帶來的物價上漲，想想看，通常只要年薪或月薪上漲後，就不會輕易下調，像這樣就業增加而勞動薪資的上升，相對來說較沒有彈性，是真正的通膨因素。

## 📖 只要通膨就會升息？錯！

　　因此這樣的通膨，被視為發生在景氣上升階段的健康通膨，是聯準需要透過長期的政策去因應的物價上升。**如果一定要分出好通膨和壞通膨的話，因景氣活絡造成需求拉動型通膨，相對上是可取（好）的通膨；**而在景氣不好的狀態，因主要原物料的供需不均導致的成本推動型通膨（cost-push inflation）則可視為壞的通膨。

　　那麼近來發生的狀況又是如何呢？

　　2021 年下半年，Delta 與 Omicron 變種的出現，使得全球供應鏈延誤，不見恢復的徵兆，造成車用半導體缺貨現象、各種原料價格上漲，以及海運公司的運費暴漲，再加上意料之外的烏克蘭戰爭，引起油價和穀物價格急漲，因此讓美國 CPI 攀升到 8%。

　　曾在當時判斷高物價只是暫時現象的美國聯準，進到 2022 年才開始轉換態度為強烈的升息基調，最後因為壞通膨的出現，在景氣尚未充分恢復的狀況下，慢了一步的聯準這時才拔出名為升息的利刃。不過我們仍可說聯準最初的不升息的自信，是源自於 2022 年初失業率已經恢復到充分就業

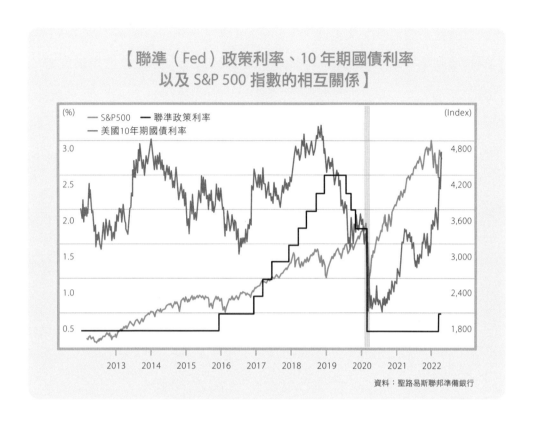

【聯準（Fed）政策利率、10 年期國債利率
以及 S&P 500 指數的相互關係】

資料：聖路易斯聯邦準備銀行

的水準。

　　簡單摘要的話，當聯準進行貨幣政策時，最重視的因素是「長期物價上升」與「失業率」。例如 2021 年因 Covid-19 疫情導致物價比過去平均高 5%，在市場擔心緊縮時，聯準則更在意 6% 的失業率，認為物價上升只是暫時的，因此並未改變貨幣政策的基調。

　　遺憾的是，聯準對物價的預測最後證實是錯誤的，相反地，它直到失業率達到充分就業水準的 4% 時，才不繼續容忍高物價水準，因而不得不拿出強力的流動性緊縮的政策出來；此時對於重視流動性的股市來說，上

升的力道就十分受限。作為參考，在 2018 年下半年升息的例子中，歷經 8 次的政策利率升息以及國債利率超過 3% 的瞬間起，美國股價指數就轉為下跌了。

對決定貨幣政策的聯準來說，最重要的兩項就是「就業」與「物價」，兼顧充分就業與物價穩定兩者實為不易。

# 普發現金的紓困，到底便宜了誰？

民主主義是人類在歷史上最偉大的發明，在經濟篇章中提及政治制度，是因為民主主義扮演著人類平等與自由精神的經濟上的角色；在民主主義體系下出生成長的我們，國民行使投票權選出領導人雖然是理所當然的事，但相比於人類歷史有紀錄以來，這仍是在近期才發生的事。

## 從「投票選舉」解析民主國家的經濟效益

現代社會的常識與共識，對於做較多事的人會給予更多的報酬，看似很理所當然。這個社會是在工地工作 10 個小時的人會比工作 7 個小時的人有更多收入、在企業能展現更多附加價值的人會得到更多報酬，在以力氣取勝的原始人時代也是一樣。最終除了幾乎消滅的共產主義經濟系統外，這是符合人類本能的公平，結論就是體力或能力出眾的人，在自己的領域中取得更高地位的機率越大。

除了個人之間的體力差異之外，制度上也接受資本的階級差異。舉例來說，提供更好的服務給付比較多錢的人，從演唱會的一等座位區、飛機的頭等艙、飯店的貴賓服務，到名牌的 VIP 禮遇等等，都是特別優待有錢人的，但卻不會有人對此提出不滿。

我們雖然從出生起就學到平等，但是那只是機會的平等，並非結果的平等，**在原始人時代也是有力氣的人可以拿走更多財富，現在也是有資產或有能力的人在累積財富上更有利**，其實單看有「傾斜的操場」這個詞的產生，就能知道機會的平等也大大減少了。

即便如此，仍然存在著至少未來幾世紀也不會消失的平等，那就是民主主義的投票系統。在選舉中，所有國民都擁有一人一票的權利，不管是創立全球企業、雇用數十萬員工的人，或者是在戰爭中拯救國家建功的人，與前科犯或對社會有害之人，對於決定國家未來的這件事上，全都享有同等的權利，這從歷史角度來看是多麼偉大的一件事——讓原本較弱勢的人民階層，能有機會拿走最上面階層的權力。這雖然不符合前面提到的公平人性本能，但不管怎樣大家都做到了。

最終在民主主義制度下，不管是誰當國家領導人，他的目標都是更多數國民的支持率，重要的階級已經不是貴族階級或富裕階層，而是一般人民。英國效益主義哲學家傑洛米・邊沁（Jeremy Bentham）主張，最多數人的最大幸福，就是民主主義系統的根基，當然也有像有些南美國家相較重視國家發展的領導人，反而是讓散布金錢的領導人當選的民粹主義。儘管民主主義套用在各國時，會依不同國家的問題而存在缺點，但整體來說早已根深蒂固；接下來就讓我們看看，從現代民主主義的體系所衍生出的偌大經濟效益。

**政府為維持政權，必須平息大多數國民的不滿以維持其支持率**；若因

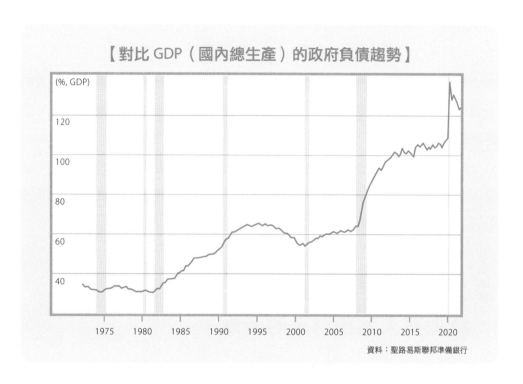

【對比 GDP（國內總生產）的政府負債趨勢】

資料：聖路易斯聯邦準備銀行

景氣低迷丟掉工作或傳統市場物價在一夜之間上漲的話，人民就會到街頭舉牌抗議。1990 年初，美國經濟陷入物價上漲與景氣停滯的不景氣，導致 1991 年美國總統大選時，前總統比爾柯林頓以「笨蛋，問題在經濟。（It's the economy, stupid.）」的競選口號拉下老布希，取得政黨輪替，這就是一個因執政時導致景氣低迷而威脅到政治生命的標準案例。

　　2008 年從美國開始的次貸金融危機以及當 2020 年 Covid-19 疫情發生時，美國政府迅速地釋出兩批前所未有的流動性供給，分別為 3 兆美元（包含 QE1~3）與 4 兆美元，與過去發生景氣危機時不同，導入了量化寬鬆（Quantitative Easing）這項新的貨幣政策。

　　與過去展開降息以及以財政支出為主的扶植政策不同，透過更為強力

的支付紓困支援金（PPP：薪資保護計畫），也就是向所有家庭直接給付現金，宛如聖誕老人的角色，**最後雖然引發 10% 以上的失業率與大量的人民不滿，但多虧這迅速的政策，並未陷入經濟大恐慌時期那般景氣低迷，並從危機中脫身。**

對那些在餐廳等工作，後來變成失業者的服務業勞工來說，這是一筆令人感激又珍貴的資金，最終政府為了讓人民脫離困苦，背負上龐大債務與通膨副作用的痛苦代價。

## 當政府出手挽救景氣，就是富人累積財富的時候

每次在出現景氣危機時，人民都透過政府的幫助來獲得救濟，但是在這樣的決策下，實際上更能受惠的階層在哪呢？

當然就是富裕階層的資產家！為了救濟失業者與防止景氣低迷，政府執行的政策就是提供大規模的流動性到市場經濟內，在此過程中，必然伴隨的就是資產價格的上漲；當然，在景氣危機初期，投資資產的價格會大幅下跌，但不到 6 個月股市就會創新高，不動產價格也跟著暴漲。

我檢視聯準的資產負債表（2020 年初與 2021 年第 1 季）後，可以發現在 Covid-19 疫情發生的這 1 年期間，約 3 兆美元流入股市、另有約 3 兆美元流入不動產，最終為了防止景氣低迷的紓困支援金，比起消費，更多用在了資產價格上升。另外作為參考，在這個期間，比起聯準釋出的 3.5 兆美元，投資在股市和不動產的量更多，是因為透過金融機構讓流動性更擴張的緣故（貨幣流通速度的概念）。

這就是為什麼前文說到民主主義很偉大的原因，雖然對失去工作受苦

的庶民階層以失業補助為目的，支援約 950 兆美元（第 1-2 次 PPP 合計），
**而富裕的資產家即便沒有這種補助，但資產價格的暴漲，反而讓他們得以**
**集中更多財富**，那麼失去工作的庶民階層雖忌妒富者更富，但也不可能耍
賴地說那就不收這些補助，不是嗎？在近期強勢的政府下，民主主義表面
上看似乎發展成像這樣讓所有人都可得利的系統。

那麼，我們真的沒有因此犧牲任何事物嗎？所有人的利益都只會持續
增加的烏托邦，是真的嗎？再仔細地想想就能明白，**政府過度的救火所帶**
**來的副作用，也就是 2021 年以來持續經歷的通膨。**

Covid-19 疫情下，政府的流動性供給雖然成功，但 2022 年 3 月美國物
價（CPI）卻達到 30 年以來的最高值 8.5%，初期聯準認為通膨的原因在於
原物料價格上漲以及運輸延遲等供給層面原因較大，待因疫情而受損的供
應鏈恢復時，物價就會回穩。但接踵而來的 Delta 和 Omicron 變種病毒影
響持續，在此期間，已經釋放到市場的貨幣所造成的月租或二手車價格、
醫療費等上漲，包含需求面在內的整體通貨膨脹蔓延，最終聯準面臨須緊
急升息的壓力，這就是 2022 年面對的狀況。

## 🏛 通膨和貨幣縮水──
## 全球民眾的共同危機

因此，政府透過合理的貨幣政策管理通膨和景氣恢復的平衡，事實上
是非常重要的事。這是因為當物價越高，我們持有的資產價值和每個月賺
得的薪水價值就會急遽降低，所以若無法好好管理為克服危機而釋出的貨
幣時，對於受到貨幣價值下跌影響較大的階層，就會產生更不利的狀況。

簡單來說，政府發放紓困支援金，但若對一般人民來說負擔更大的月

租或食品價格上升更多時，紓困金就會可能變得毫無用處，但相反地，對於富裕的資產家來說，比起物價上漲，他們還有資產價值的上升，且恩格爾係數（食品／消費比重）較低，仍然是得利的。

像這樣的流動性供給的案例，可從 1999 年亞洲金融危機與 2008 年美國金融危機中看到，依照凱因斯的理論，財富偏重的現象是因為貨幣流通速度下降，阻礙經濟活絡，為此，主張透過展開能振興需求的需求擴張政策，這種擴張政策越到近期，在經濟危機與金融危機時就更積極地被使用，因此達到的貨幣膨脹結果就帶來貨幣的有效價值下跌。

證據就是美元的購買力，在歷經亞洲金融危機與美國金融危機後，從 2000 年代至今的 20 年間，約下跌近 40%，而相較數據開始紀錄的 1913 年，購買力更是下跌近 97%，也就是在 100 年前是 100 的美元價值，至今只剩下 3 而已，這就是通膨的效果，而加速壯大這個效果的事件就是各種的危機（Covid-19、金融）。

簡單摘要的話，**偉大的民主主義看似拯救全體國民，對所有人都公平對待，但對於受到通膨影響更大的低所得階層來說，最後仍會受到傷害。**所以我們必須具備對過度的流動性供給或民粹主義的批判精神，同時每次危機來臨時都要買進股票，在成群的資產家中，必須守護好我們自己的資產。

獲利
思維

多虧有民主主義的選舉系統，在每次大型危機時，政府都會重複強力的貨幣擴張政策，而這也會引發通膨以及貨幣價值下跌，此時一般民眾能做的就是要增加股票（或不動產）這樣的實體資產，來防止資產價值下跌。

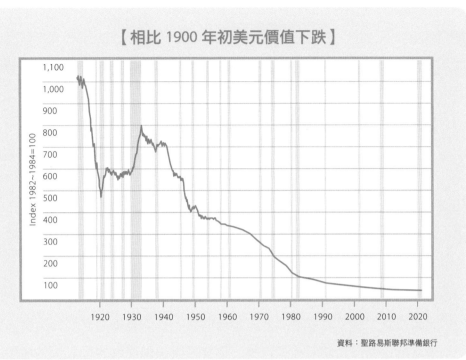

【相比 1900 年初美元價值下跌】

資料：聖路易斯聯邦準備銀行

【相比 2000 年美元價值下跌】

資料：聖路易斯聯邦準備銀行

# 看懂四大基本總經指標，
# 散戶不心慌！

　　閱讀股票相關書籍或景氣展望報告的話，真的會提到很多的指標，除了判斷景氣週期或動能的指標之外，也有對股市影響大的景氣領先指標或調查指數等等，非常多樣。

　　雖然股票專家們需要涉獵這些指標，但一般投資人不用知道或可以無視的指標也真的很多。在這個章節中，會介紹一般散戶一定要知道的重要指標，至少熟知這些指標所代表的意義，希望大家在無法確定股市是上升趨勢還是開始下降、快要失去方向的時候，能以這些指標為基準做出判斷。

## 🏛 OECD 景氣領先指標（CLI）：
## 　判斷現在景氣位置

　　最具代表性的景氣指標就是國家 GDP 成長率，這項指標的缺點是落後於實際的景氣現況，因此跟股價相關性不高，且因為 GDP 成長率的預估也時常改變，因此把成長率用在與過去長期平均做比較可能比較好，**比 GDP**

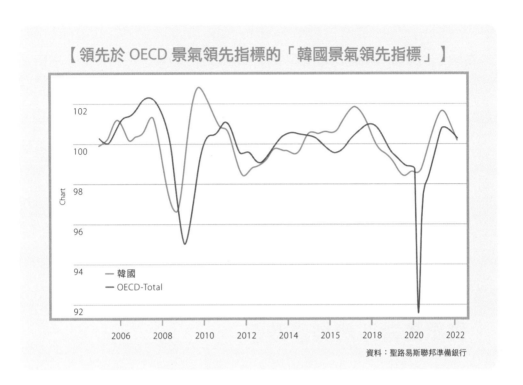

【領先於 OECD 景氣領先指標的「韓國景氣領先指標」】

資料：聖路易斯聯邦準備銀行

**更重要的指數是「景氣領先指標」，較實體經濟領先約 6 個月**，是與股價相關性及說服力都高的指標。

是由 OECD 發表的指標，可在 OECD 的網頁中搜尋到，也可依各國別篩選。領先指標的項目從生產、消費、庫存指標，到消費者信心指數、房屋開工等等，非常多元。

OECD34 個國家，每一個都可依各國特性不同靈活使用，而且有趣的是，某幾個國家的股價指數也會納入該項指標。我甚至覺得似乎只看到股價，而非領先景氣的指標，這是因為市場參與者們根據景氣預估值的變化，快速地進出資金的緣故。

上頁將 OECD 整體指標與韓國的景氣領先指標（CLI，Composite Leading Indicator）畫在一起，如果仔細看的話，會發現韓國的領先指標又領先於 OECD 整體指標，因為韓國是出口主導經濟，會反映出美國與先進國家的訂單，因此領先性很強。

例如，韓國半導體出口增加的話，就能預測全球 IT 企業或個人的電腦需求增加；作為參考，美國的證券商高盛（Goldman Sachs）另外用 10 個項目去計算景氣領先指標，韓國的出口也被納入其中，韓國可說是作為判斷全球景氣方向的指標國家之一。

## 📖 失業率與就業指標： 實際影響政府經濟政策

「失業率」對於政府的經濟政策有重大影響，當失業率高時，政府維持較低的政策利率，透過擴張的財政政策試圖增加就業人口。身為散戶，最好要掌握失業率的程度以及追蹤每月就業增加指標的變化。

美國認為就業狀況沒有異狀的失業率數字，是約 3~4%；30 年平均的失業率在 3% 後半，若為 3.5% 就視為充分就業（失業率定義：年滿 15 歲以上人口中，有勞動的意志與能力，但沒有工作、處於失業狀態的比率）。不過，自行放棄求職的失業人口被排出在該項統計之外，因此實際失業率會更高。

如同前面提到，**美國聯邦準備銀行考慮升息時，物價水準與就業（失業率）是最重要的考量項目。**以 2022 年 3 月為準，失業率是 3.6%，而 Covid-19 疫情發生前的 2020 年 2 月失業率約 3.5%，但當年 5 月卻飆升到 13%，之後持續下降，最後再次達到充分就業。聯準認為要先達到充分就

業的水準，才能接著調節如升息等等緊縮政策的速度，所以檢查就業趨勢就非常重要。

其他對美國股價指數有著重大影響的勞動指標，還有每月第一個星期五發表的**非農就業指數**（Nonfarm Payrolls），以及每週發表的**初次申請失業救濟件數**（Initial Jobless Claim）。其中以非農就業指數為主檢視即可，如果超出市場對於前月就業人口數的預估值時，就可視為將會對股市有正面影響。

如果想看反映經濟實況更快速的指標，可以參考民間機構 ADP 早兩天發布的「ADP 非農業民間就業指數」，這些指標都可以在彭博網站或 Investing.com 等找到。相反地，每週發表的初次申請失業救濟件數，因時常更新且變動性高，對於股市的影響微弱。前面提到的通膨指標當然也非常重要，但已充分進行說明，就不再詳述。

## ISM 調查指數：
## 預判不久後的景氣動能高低

供應管理協會（Institute for Supply Management，ISM）對參與企業每個月進行問卷調查，將景氣狀況轉為指數後公布，指數名稱就是 PMI（Purchasing Managers Index），**以 50 為基準線，看好景氣時會在 50 以上，判斷景氣會變差的話就會標示在 50 以下**，又細分為製造業平均數的製造業 PMI 指數與服務業 PMI 指數；相對來說對股市較重要的 ISM 製造業 PMI，在每個月第 1 個工作日發布，而服務業指數則在每個月的第 3 個工作日發布。

製造業 PMI 使用新訂單、生產、雇用、供應商交貨和存貨這 5 個指數的單純平均數；而服務業 PMI 則使用商業活動、新訂單、供應商交貨和雇

用指數的單純平均數。雖然美國的服務業比製造業對景氣貢獻要來得更高，**但股市參與者更重視製造業 PMI，是因為上市企業以製造業較多，且對全球景氣變化更敏感。**該項指標領先於景氣，是因為它就像心理指標一樣反應快速，採購經理人若預測需求增加，就會增加下單，相反的話就會減少下單，而下單將左右生產企業的生產量與銷售，所以就能知道它多麼具備領先性了。

該指數與股價的相關性非常高，全球大型投資銀行會發布預測值（共識），該指數使用方法，就是若結果高出前述的預估值時，對股價就會有非常正面的影響，這也是與利率有著高度相關的重要指標。

如果想更專業的活用這項指標，**觀察新訂單減去庫存的數值趨勢，其領先性最為強烈。**除 PMI 指標外，也有零售銷售指數（Retail sales）、營建許可（Building Permits）、房屋銷售（Home sales）等重要指標，若散戶還有餘力的話，也可優先做為判斷的參考。

## 市場利率：
## 最能反映出資金需求和展現流動性

最能展現流動性的指標就是市場利率，最能反映出市場的資金需求。以美國來說，10 年期國債利率目前水準與過去平均相比的變動程度就很重要，2022 年時，約 2.8% 的美國國債利率，在過去 10 年平均值約為 2%、過去 20 年的平均值約 3% 水準，與過去相比，隨著美國經濟成長率走弱以及通膨穩定，國債收益率也穩定向下。

經濟成長率走弱的話，企業的設備投資或對資金的需求也會轉弱，所以借錢代價的利息會減少——用這樣的方式去理解就好。如此一來，若借

【ISM 製造業指數與 S&P 500 上升率的同步】

資料：KB 證券

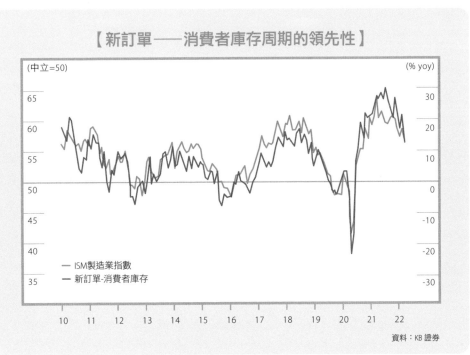

【新訂單──消費者庫存周期的領先性】

資料：KB 證券

錢代價變便宜（利息降低）的話，就能夠在金融市場靈活使用流動性。

最近幾年（2020 年 ~2021 年）低利率，當對美國股市的期待收益率超過 10% 時，借資金來投資股票的需求就會大幅增加，像這樣隨著投資需求增加、股價上升的同時，景氣也進入活絡的局面，當消費增加後，資金需求也不得不增加了。

此時市場利率自然而然地會上升，舉例來說，假設原本為 3% 的貸款利率上升到 5%，此時股市目前 10% 的收益率，對於借錢投資的投資人來說，跟以前相比其魅力已經大幅下跌，若當債券相對利率魅力提高的區間到來，對於股市流動性就會慢慢產生負面影響。

低利率時流動性可說是豐富的，之後帶動股價的原動力景氣變好的話，利率也上升的同時，股票收益率就隨之變高，但就像前面強調的，**當利率水準上升到超過臨界值時，股票的相對魅力下跌**，就會面對到因股市參與者離開而導致的流動性問題。

10 年期的長天期國債與 2 年期的短天期國債，利率間的長短天期利差也需要確認。一般來說長短天期利差擴大的話，可以判斷景氣會變好，利差縮小或倒掛的話，判斷景氣會變差。

另一個最常用來觀察的流動性指標，就是以廣義貨幣量來表現的 M2，M2 是包含現金性資產、2 年內到期的金融商品與相同的短天期金融商品在內的數值，表現出市場流動性的實際值。美國的 M2 在 Covid-19 疫情爆發前的 2020 年 1 月，約為 15.4 兆美元，但因當年在第 2 季政府 3 兆美元的流動性供應下，年底就增加到 19 兆美元，2022 年第 1 季的 M2 約達到 22 兆美元。

像這樣大幅供應流動性的同時，美國這 2 年間股價指數（S&P500）達到約 50% 的高度成長，釋放到市場的錢，比起消費、大部分都流進資本市

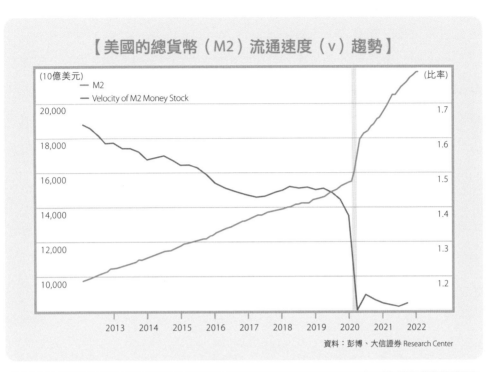

【美國的總貨幣（M2）流通速度（v）趨勢】

資料：彭博、大信證券 Research Center

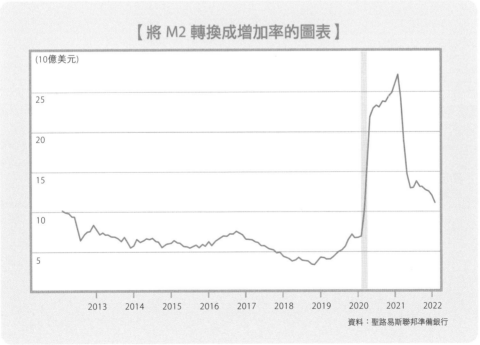

【將 M2 轉換成增加率的圖表】

資料：聖路易斯聯邦準備銀行

場，估算光股市就流入 3 兆美元。

　　光是觀察量化概念的 M2，就要對股市投資進行判斷是很難的，因此計算 M2 的變動率、去看流動性增加速度，多少更有關聯，要判斷景氣不能只看 M2 的量，要一起看該貨幣流通速度的 V（velocity）才能確認景氣恢復速度。這是因為即使釋放出很多錢，在個人對未來景氣的不確定性更大的區間，仍不會進行消費，反而會以儲蓄的方式儲存。

獲利
思維

　　若觀察判斷景氣的總經指標中的 OECD 景氣領先指標、就業指標以及調查指數這些指標，就能掌握目前身處經濟週期中的哪個位置，因為這些指標能説明單靠企業分析無法得知的流動性週期。

# 提前反映股市利空的重要指標

接下來介紹雖然不一定要熟知，但是在判斷股價指數時很有用的總經指標。中級程度以上的投資人至少都曾搜尋、參考過一次這些指標，在觀察更深入的景氣狀況細節與股價的關係時會很有幫助。

## 經濟驚奇指數（ESI）：股價上升趨勢時，判斷該防守或進攻

此為花旗證券所發表，是表現景氣指標的指數（Economic Surprise Index），呈現出相較目前經濟學家們的景氣預測、實際數值是令人驚艷還是在期待值以下。

在*趨勢*的上升區間時可以更有效地活用，絕對值的程度和過去平均相比過於傾斜時，可視為已接近轉折點的訊號，在彭博（Bloomberg）的網站中可以找到。

## 美元指數（DXY）： 當有重大空頭事件，美元價值會升高

此項指數是拿美元與全球貨幣做比較後指數化，例如日幣、歐元兌美元匯率，就只是和日幣、歐元做比較，但該指數是與全球國家做比較，能夠呈現出實質上美元價值的長期趨勢。

一般來說美元價值升高時，是美國景氣相對較好的時候，**但是當戰爭或金融危機等事件爆發時，屬於安全資產的美元價值相對也會升高。**像韓國一樣被分類為開發中國家（EM）的國家，相較於美元價值上升的時候，反而在美元價值下跌時，開發中國家的股價上升率較高，這是在韓國經濟成長率比美國高，或是國家利率相對魅力較高的時候。

簡單來說，比起投資在美國資產，投資於開發中國家資產時收益率更高，就會產生資金流動，造成美元需求下跌。

## CRB 大宗商品指數（CRB Commodity Index）： 連帶影響利率政策

所謂的「Commodity」從石油能源到穀物、鋼鐵、非鐵金屬等等，非常多元，景氣變好時，這些商品的價格當然會上升，但像原油的話，也會大幅受到供應受阻、OPEC（石油出口機構）的供需調整等的影響。

該指標重要的理由，是因為它對生產者物價影響之大，最終在商品狀況具體化時，隨著物價上漲而對政策當局的利率政策也會有影響。

【美國經濟驚奇指數】

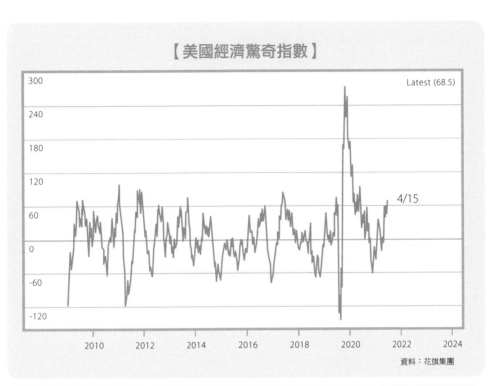

資料：花旗集團

【美元指數】

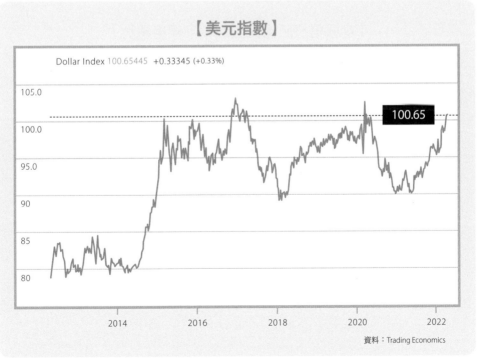

資料：Trading Economics

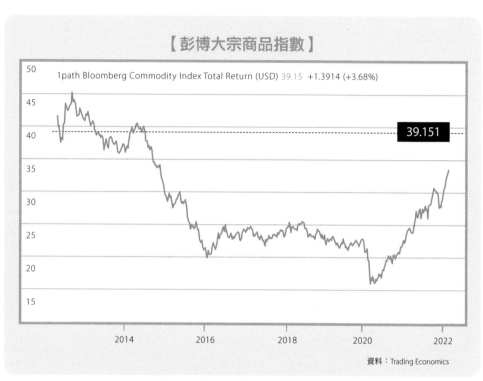

【彭博大宗商品指數】

1path Bloomberg Commodity Index Total Return (USD) 39.15 +1.3914 (+3.68%)

39.151

資料：Trading Economics

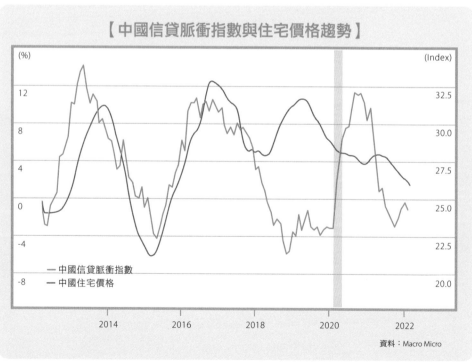

【中國信貸脈衝指數與住宅價格趨勢】

(%)

(Index)

— 中國信貸脈衝指數
— 中國住宅價格

資料：Macro Micro

## 🏛 活動指數（Activity Index）： 評估景氣恢復程度

將「The Chicago Fed National Activity Index」視為是由芝加哥聯邦準備銀行發表的景氣活絡指數即可，在平常並不是太重要。但若是像Covid-19疫情造成人們的景氣活動萎縮時，這是可用於觀察究竟重新恢復多少的指標。

作為參考，在中國具代表性的活動指標是「李克強指數」，可替代有統計時差以及信賴度低落的中國GDP，為掌握經濟現況，由鐵路貨運量、用電量與銀行貸款發放輛這3個指標組成。接著是展現中國流動性的信貸脈衝（Credit Impluse）指數，是能夠呈現出與韓國景氣關係密切的中國，其貨幣政策和景氣狀況的指標，如同上表所示，住宅價格的走勢是落後於信貸脈衝指數的。

## 🏛 金融壓力指數（Financial Stress Index）： 大型金融危機發生時必看！

金融危機來臨時，最先受到影響的就是信用市場（credit market）。由聖路易斯地區的聯準所發表的這項指標，為金融壓力指數（聖路易斯聯準金融壓力指數，St. Louis Fed Financial Stress Index），依照金融市場與政策當局的不確定性因素，將各經濟主體感受的壓力量化後計算出的指數。

可理解為對於金融變數的期待值改變，或以標準差表現的風險增大時，壓力指數就會上升，雖然不需要時常去觀察，但像雷曼兄弟事件發生企業信用緊縮的危機時，就會是有效的指標。

## 📘 VIX 恐慌指數（Volatility Index）： 指數越大，股市風險越高

能最快反映出股市風險的指標是 VIX（Volatility Index），針對在芝加哥選擇權交易所上市的 S&P500 指數選擇權未來 30 天內的波動性，呈現出市場預期的指數，**特徵是與股市指數反向移動。**

例如 VIX 指數達到最高值，就代表投資人不安心理極大。運用該指數時，若數值超過 30，可解釋為對股市的風險迴避達到高點，想賣出的人已經賣出很多。觀察 10 年來的走勢，2020 年初 Covid-19 剛爆發時，曾暫時飆升超過 50，而俄羅斯侵略烏克蘭時也曾超過 30。

該項指標最好可跟後面會說明的心理指標 CNN Greed&Fear 一起運用，而該數值上升到太高時，相反地可看作指數有反彈的可能性，因此又被稱為恐慌指數。

> 獲利
> 思維
>
> Economic Surprise Index、金融壓力指數、VIX 恐慌指數這樣的指標，有助於掌握景氣是否會比預期好或已經反映多少在股票上，若這些指標比起 10 年平均值過度地往負面方向集中時，很有可能已經提前反映利空，那就是可以慢慢地增持股票的時候。

## 【金融壓力指數】

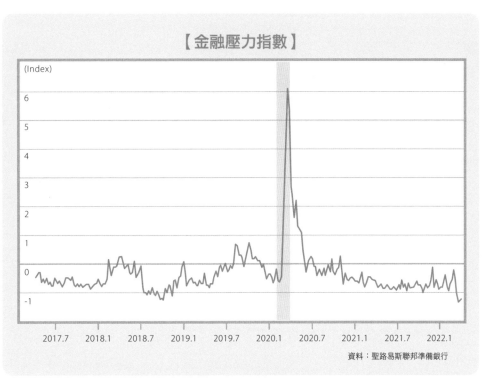

資料：聖路易斯聯邦準備銀行

## 【VIX 恐慌指數】

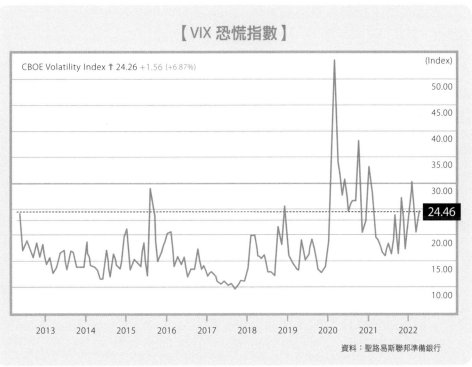

資料：聖路易斯聯邦準備銀行

# 從剛出社會到準備退休都適用的資產配置

這一章為各位說明我的投資資產組合。首先列出具代表性的資產群，有不動產、股票、債券、大宗商品（Commodity）、虛擬資產等等。不動產投資由於因人差異大且流動性較低去掉之外，剩下的資產比重是如何分配呢？

證券商推薦資產配置時，最常見的就是依照投資人的年齡去調整風險資產與安全資產比重的 TDF（Target Date Fund）概念，以生命週期的資產配置來看，理解為越接近退休時間，就將安全資產的債券投資比重提高的單純結構即可。

## 不分投資人年齡、依照景氣分配比重的「全天候投資法」

而以下的概念並非依照人生週期，而是依照循環週期可共同適用的資產配置方式。以資產配置聞名全球的經理人，是美國避險基金橋水基金

## 【雷·達里歐的全天候資產配置策略】

|  | 經濟成長（景氣） | 物價 |
|---|---|---|
| 增加 | 股票<br>公司債<br>不動產<br>原物料 | 原物料<br>不動產<br>物價連動債 |
| 減少 | （美國）國債<br>物價連動債 | （美國）國債<br>股票 |

市場期待

資料：橋水基金

（BridgeWater Associates）的雷·達里歐（Ray Dalio），該公司是管理資產高達 1,300 億美元，在美國首屈一指的基金公司，以全天候投資法（All Weather）聞名。

雷·達里歐將景氣分隔為四個區塊，各區塊的資產配置不同，首先主要的變因單純分為景氣和物價，依照景氣和物價各自上升／下降的狀況，根據 4 個區塊位置的不同，對象資產比重也不同的策略。

舉例來說，從上表可看到景氣上升且物價上漲的區塊，就增加股票、原物料以及公司債的比重；在景氣下跌但物價上漲這種不好的區間，比起股票、更應該採取增加國債和物價連動債比重的策略。執行重點是要隨時持有相互關聯性不同的資產。這是即便發生無法預測的危機時，正負收益

率也能互相抵銷的穩定投資方式。

那麼以 2021 年底為基準，來分析雷·達里歐實際上的投資組合。股票比重約 30%、長天期國債 40%、中期債 15%、原物料與黃金各 7.5%，若看這個投資組合約 20 年的成果，雖然比起 S&P 500 稍嫌不足，但在危機區間時卻可看到其具備相當穩定的收益率。

在 2008 年金融危機或 Covid-19 疫情時，美國指數最糟的那年下跌 37%，但該投資組合在下跌 5% 時就止住了。相反地，20 年間的年均收益率，美國指數為 10.5%，而全天候的年均收益率也有著比原本所想的更高的 7.7%，這是因為在股票好的年度也繼續持有國債和黃金等安全資產，**雖然在股市上漲時收益率會比股價指數還要低，但在股市下跌時卻有著優秀防守能力。**

雷·達里歐的全天候投資組合可以在 Google 搜尋，這是在決定投資組合策略時可以參考的好資料，追蹤採取全天候策略的基金或個人都常使用的全球 ETF，舉例來說美股就是 SPY、美國長天期債就是 TLT、中期債就是 IEF；黃金就是 GLD、原物料就是 DBC，活用這些 ETF 就行。「全天候策略」被評價為有像保險一樣的安全性，但若很明顯地在景氣恢復的階段時，進行更積極的資產配置會比較好。

獲利
思維

> 根據物價與經濟成長率調整資產組合的比重會非常有效，景氣低迷時就是國債一樣的安全資產；而當物價和經濟成長率上升時，股票、不動產、物價連動債這樣的資產才有利。

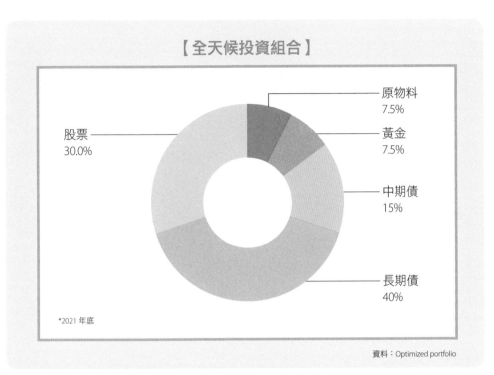

【全天候投資組合】

原物料
7.5%

黃金
7.5%

股票
30.0%

中期債
15%

長期債
40%

*2021 年底

資料：Optimized portfolio

【全天候基金運用績效趨勢】

($)
— 全天候投資組合收益
— S&P500

60,000

50,000

40,000

30,000

20,000

10,000

2004    2006    2008    2010    2012    2014    2016    2018    2020

資料：Optimized portfolio

# 後疫情時代開始，
# 股市會如何變化？

當疫情開始至今，全球股市還在上升週期嗎？還是已經跟著美國剛開始的強烈升息腳步，進入到下跌的週期了呢？從美國經濟成長率和通膨的位置上來看，股市又是如何呢？

## 景氣的四大循環週期

為了掌握這個基準，我們參考日本知名投資教授浦上邦雄（Uragami Kunio）的著作《判斷股市行情的方法》（相場サイクルの見分け方），將市場分成四個層面，其實這本書雖是在 1979 年撰寫的，但到現在都還很有參考價值。

若看我所整理的表格，（1）流動性趨勢指的是在景氣蕭條期時，雖企業績效不佳，但由於政府降息與供給流動性，市場仍透過豐富的現金流動性帶動股價往上的區間。

接下來是在景氣復甦區間中，（2）就會出現績效趨勢，這是在績效成

## 【景氣的四大循環週期對股價和政策的影響】

| 項目 | 1.蕭條期 | 2.復甦期 | 3.繁榮期 | 4.衰退期 |
|---|---|---|---|---|
| 股市 | 流動性趨勢 | 績效趨勢 | 逆金融趨勢 | 逆績效趨勢 |
| 利率 | 低利率 | 中利率 | 高利率 | 低利率 |
| 政府 | 振興景氣 | 振興景氣 | 緊縮 | 放寬緊縮 |
| 績效 | 下滑 | 改善 | 改善 | 下滑 |
| 股價 | 谷底 | 上漲 | 減緩上漲 | 下跌 |

資料：《判斷股市行情的方法》，浦上邦雄

長的基本面下，股價隨之上漲，是最踏實的區間。當景氣進入繁榮期的話，多多少少會看到過熱的現象，政府就會開始回收流動性、走向緊縮，此時就被稱為（3）逆金融趨勢。浦上邦雄提到，這時是景氣雖好、但股價卻無法上漲的區間。

然後隨著景氣再次低迷，迎向衰退期，進入（4）逆績效趨勢後，景氣週期就會從（1）再重新循環。

觀察上表可以知道，在景氣擺脫蕭條期時投資股票的話，到繁榮期為止都會呈現出上漲的樣態。原本浦上邦雄的週期提到，進入繁榮期時也會因政府的緊縮政策導致股價下跌，但我在上表並非用股價下跌、而是修正為「減緩上漲」。

雖然原本的理論在該書撰寫時的 1980 年代能成立，但之後卻因為政府積極介入或像 Google、蘋果這樣創新型企業的出現，多少讓股價週期有所

改變，最終股價下跌週期的開始，通常會落在繁榮期高點附近，但這很難精準地得知，所以就像前面提到的，透過美國國債利率水準來幫助判斷仍是很有效的。

即便無法猜中股價高低點反轉的正確時間點，至少也要懂得利用利率水準和企業績效來判斷。2022 年時，美國 10 年期國債利率因為快速攀升到過去的平均之上，是令人感到不安的水準，但如前所述，扣除通膨後的實質利率水準仍然是負數。做為參考，Covid-19 疫情前，2019 年的平均國債利率是 2.3%，利率最高點則在 3.2%（當時的實質利率有 1%）。

現在來看企業績效部分的話，2021 年美國企業的淨利約成長 50%，2022 年成長共識預估約為 10% 的獲利成長，所以可視為企業獲利位於上表（3）的繁榮區間，但獲利成長率減緩卻令人感到負擔；不過這是因為前一年度成長率原本就很高所造成的基底效果，讓成長率減緩，但獲利並沒有減少。

最後是週期中最重要的政府政策，美國聯邦準備銀行在 2022 年 3 月展開首次升息後，採取強力的緊縮政策，升息週期中，因為相較前期，後期才對流動性的負面影響更多，目前政府政策仍位於逆金融趨勢、也就是繁榮期上。

## 🏛 面對升息和通膨，散戶要頂住股市下滑的壓力！

綜合以上所述，目前景氣循環週期上的位置處於第 3 階段的繁榮期，也是逆金融趨勢上，是股價減緩上漲的區間。2022 年直到通膨減緩為止，預計會維持相對較強勢的升息週期，**從升息後期的 2023 年起，股市將會受**

**到下滑的壓力。**

　　但是在現在這樣的通膨環境下，因銷售額跟著增加，很可能反而讓企業獲利穩定，且因為這次不是全球景氣進到嚴重泡沫而導致的物價（利率）上升，所以並非是大型下跌週期，而有可能只是循環小的景氣週期。目前戰爭風險等各種不確定性尚存，未來必須仔細觀察緊縮政策是否能控制住物價，以及國債利率的上升速度。

　　那麼進入到第 3 階段的現在，值得關注的資產在哪呢？現在還不是離開股市的時候，這是因為接下來通膨可能減緩，**且與實質利率相比，股價的期待收益率還更高的緣故。**

　　國債部分，預計價格會下跌因此並不推薦，而比國債提供更高利率的優良公司債的機會就來了，因為它們的企業績效都還在很穩健的區間；最後就是被分類為能避險通膨的不動產相關資產或物價連動債。像這樣根據景氣週期與利率（物價）水準，我們多少可以積極地去調整資產配置的比重，如果能夠建立不要太過偏重的資產組合的話，即使在意外的風險來臨時，也能夠好好地控管收益率。

獲利
思維

　　雖然股價週期上的位置是減緩上升的區間，但因股票的期待收益率目前仍比實質利率更有魅力，判斷到 2023 年為止持有股票是有利的，當美國國債的實質利率超過 1% 時才要擔心。

# 第 4 章

# 前景產業的條件

# 產業的週期和需求，是否有變化？

　　所有產業都像人生一樣擁有生命週期，一般的產業週期從產業誕生期開始，經過高速成長期與成熟期後，迎來衰退期。簡單回顧歷史的話，18世紀從美國展開的第一次工業革命，是透過生產紡織品的紡織機與蒸汽機的發明，機器首次讓人類的生產量大幅成長的時期，隨著工廠生產設備擴充與貿易活絡，受惠最大的產業就是鐵道產業，煤炭成為主要能源，因大規模基礎建設投資，讓銀行等資本家的角色開始變得重要。

　　第二次工業革命發明電力後，隨著內燃機汽車的登場，鋼鐵產業和石油產業成為核心產業，可說是透過分工，讓工廠可以大量生產的時期。在此過程中，以煤炭為動力的蒸汽機就此將霸權交出給石油巨頭與內燃機汽車。

　　第三次工業革命為電腦登場與資訊革命的時期，而目前則是人工智慧（AI）與數據產業時代的第四次工業革命。

# 進入平穩期的產業，
# 也要留意需求是否增減

經歷新技術的導入以及與替代品的競爭，產業會不斷地迎來變化發展。列舉較近期的例子的話，曾由 Nokia 稱霸的手機產業，因為 2009 年登場的 iPhone 帶來創新，產業搖身一變為由智慧型手機領頭；Netflix 的出現，則帶給影視與電影產業巨大的打擊。此外，**就算是還沒有替代品出現的產業，也正以 10 年為期，經歷巨大變化週期。**如果能夠找出關注的產業正在發生什麼樣的模式變化，就能找到成功的投資機會。

接下來，我再舉傳統產業群中的造船產業為例。

2004~2008 年這段時期，中國以全球工廠角色，進行可觀的基礎建設投資與增設工廠。此時中國的經濟年成長率超過 10%，因此在鋼鐵與造船業投資上出現巨大變化的週期。

中國為了滿足與日俱增的鋼鐵需求，大幅增加原物料鋼鐵與礦石的進口；當時主要原料的進口國家雖是印尼與澳洲，但因供應量不足，需要把進口國家擴大到巴西，因而又需要更多的船隻，最後散裝船運價暴增，隨之而來除了保守的日本外，韓國和中國造船廠為因應史上最大的訂單量，只能大規模增設船塢（Dock）。

回顧 2005~2007 年間造船類股股價的話，韓國造船海洋（現代重工業）的股價成長了驚人的 12 倍，**即使是被稱為舊經濟（old economy）的產業，若有需求變化的因素發生，產業會進入增設的週期，帶來更大的機會，**但是這種活絡的最後，就是因過度投資帶來供應過剩，讓競爭力低落的企業就此破產。

當時大舉增加設備的造船公司，在中國的基礎建設週期開始減緩的

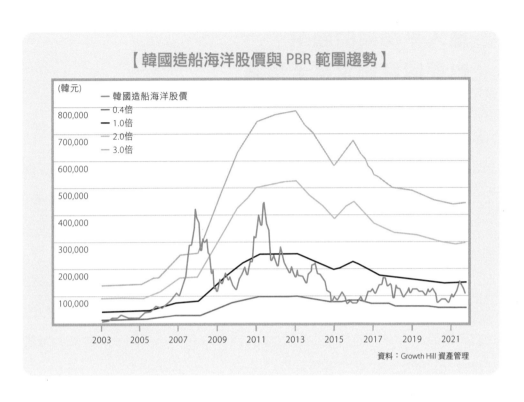

【韓國造船海洋股價與 PBR 範圍趨勢】

(韓元)
— 韓國造船海洋股價
— 0.4倍
— 1.0倍
— 2.0倍
— 3.0倍

資料：Growth Hill 資產管理

2009 年以後，迎來大規模的結構調整，大宇造船、城東造船等許多韓國的造船公司只好移交債權團或就此消失，中國也有約 70% 的造船公司倒閉。當時只看到快速增加的造船公司獲利規模後，較晚投資的人就只能面對股價下跌約 80% 的局面。

每隔幾年在各種產業中都會出現巨大需求變化機會，例如在 2015 年因中國對韓國化妝品的消費熱潮，愛茉莉太平洋的股價約上漲 5 倍；2018 年在生物相似藥領域中展開積極擴張的賽特瑞恩，其股價也上漲約 8 倍，而 2022 年的現在，充電電池相關企業也正經歷這股熱潮中。

獲利
思維

所有產業都具有像人生一樣的生命週期，若能好好掌握特定產業
的模式變化，就能獲得非常好的投資機會。

# 值得關注的四大類
# 未來成長產業

如前一章所提到的案例，只要有一次能切入到成長產業的話，就能體會到可觀的股價漲勢，若能找出這個週期並在初期就搶進的話，以投資人來說就是大成功了。

而且，因為當這種成長週期出現時，並不會被企業內部人或大型金融機構壟斷，所以投資機會是公平的，即使是現在，這樣的成長產業也繼續在新生、發展，對它們有多大的信心，並把信心轉換成投資機會，就是各位的工作了！以下是幾個已經廣為人知的未來成長產業，它們已經發展到哪個階段？投資人又該注意什麼呢？

## ① 元宇宙產業：「遊戲」會成為 吸引使用者的要點

2021 年以來，在股市最熱門的關鍵字之一就是「元宇宙（Metaverse）」；在韓國與美國等地還新成立了元宇宙 ETF，在短期間內募集超過 1 兆韓元的

資金。元宇宙由虛擬空間（Meta）與現實世界（Universe）結合而成，簡單來說是和我們生活的現實有所不同的第二虛擬世界。透過資料或影片，大家應該已經很熟悉作為投資標的的元宇宙，**但實際上擁有自己的元宇宙世界和虛擬人物的人在現階段並不多，這是因為能提供完整元宇宙環境的平台，在現階段還沒有出現的緣故。**

2021 年在美國上市、市值超過 600 億美元的 Roblox 平台，每個月的使用者數超過 2 億名，其中超過 800 萬名的使用者是自己設計遊戲；但是因為建立以單純的遊戲為主的生態，主流使用者還是以國中生以下的青少年為主。Naver 的 Zepeto 同樣是有許多使用者的元宇宙，登入過後一開始會覺得新鮮，但之後會覺得並沒有能讓成人使用者持續登入的誘因。

目前能夠代表元宇宙的平台，都還在起步階段，提供以青少年為主的遊戲空間，但若觀察現在全球科技巨頭們正在準備中的新平台方向，就會對即將開啟無窮無盡的新世界感到期待，Meta Platform（Facebook）、微軟、Google 等等，是這些平台領導企業為了未來發展所作的行銷嗎？又或者是追求如 Web 3.0 這種全新生態的使用者對於時代的要求呢？

## ● 真正達到「即時互動」以及改變經濟體系

首先要來看為什麼需要元宇宙這種虛擬世界？以及它的魅力為何？這起於兩項大型技術創新的發展。

首先，元宇宙超越我們現在使用的社交網路的物理限制，全球都在使用的 SNS 包含 Facebook、Instagram 以及 Twitter，而韓國則是 Naver Café 或部落格，但是目前的服務雖然可做到活躍的溝通，卻是以留言和數據為主的二次元平面的架構，並非即時互動溝通，在溝通上仍有限。

**這種社交網路平台若轉為元宇宙的話，會成為同時存在時間與空間的**

**三次元世界，使用者之間也能達到即時互動**（interaction），且創造出來的平台將取代 Facebook 並使其退居第二，成為具主導性的空間。

今年內，繼 Meta Platform 的人氣產品 Oculus Quest 2 之後，蘋果的新 XR（延展實境，Extended Reality）機器也將推出，這類能充分支援的新技術一旦推出，我們就能在 Meta Platform 的地平線（Horizon）或新平台中體驗實際的生活了！就算不一定有像 3D 這樣的現場空間感，這些更進化的平台也會以更多不同的形態出現。

其次是非常重要的技術創新，**在非實體的虛擬世界也能透過 NFT（非同質化貨幣）的導入，讓建立新的經濟系統變得可行。**目前來說，在知名的 SNS（如 FB、IG、Twitter）上傳熱門文章後，即使文章獲得許多人的討論，但卻沒有對此的經濟報酬；累積眾多用戶的優質數據後加以運用，平台業者幾乎獨占了由此所產生的收益；相反地，YouTube 之所以能取得巨大的成功，就是因為導入了前所未有的生態系統，依照訂閱數決定收益分配，而這也培育出無限的創作者。

能證明所有權的 NFT 概念的出現，讓在元宇宙平台中對內容著作權的報酬變得可行，對於數位內容的知識財產權（IP），讓一般使用者得以 NFT 的型態保護著作權，而非科技巨頭的企業，藉此進化為報酬能直接流向創作者與使用者的結構。不再贅述已廣為人知的 NFT，就從現在應用中的案例來更進一步的說明。

在目前規模雖小、卻能展現出元宇宙環境的 Decentraland 中，可買進紐約證券交易所的土地，以國外旅行為主題的 YouTuber 能超越疫情的限制，在虛擬空間旅行並進行內容創作，走到遊戲中的時代廣場，能看到許多企業就如同現實世界一樣花錢在此進行廣告，使用者買入代幣「MANA」，可以裝扮虛擬分身並買入資產或不動產。

像這樣在元宇宙世界中，遊戲主角能以在現實中難以實現的財力與能力，擁有新的職業，也能在有興趣的社群中成為領導者，還能以比現實世界更低廉的價格買入 Gucci 和超跑等高價精品，或是即時觀看美國知名歌手的現場表演。

重要的是這種資產的供應或不動產交易，並非像現在只有中心化的大企業能夠銷售，使用者們可以透過自行設計製作，透過代幣互相銷售給其他使用者的經濟生態，往後看誰更能具體發展出這種元宇宙空間，就有機會成為尚無領頭羊的這項產業中的新贏家。

## ● 各大公司依照需求和強項，搶占未來的元宇宙市場

如前所述，Meta Platform（Facebook）、蘋果、微軟和輝達這些公司，都在開發或預備迎接與元宇宙相關的各種模式，走在最前端的 Meta 推出最接近虛擬世界樣貌的地平線世界（Horizon world），正在準備 1,000 個以上在平台中能享受的 VR 內容，而蘋果則是以結合 AR 和 VR 概念的 XR 機器，與蘋果智慧戒指（Apple ring）這類硬體為主的策略聞名。

微軟則符合 Windows 和 Office 的強者形象，目標放在元宇宙上的業務軟體與可進行遠距辦公的視訊會議等商業軟體；虛擬會議空間的 Mesh、MS Loop，以及運用 AI 的商用軟體為其強項，還開發了商用 XR 機器 MS HoloLens，數位內容部分，旗下也持有 Minecraft 製作公司。

GPU 的代名詞輝達（NVIDIA），則想掌握打造元宇宙環境時必要且重要的工具（tool），例如強化輝達的 3D 設計協作與模擬平台 Omniverse 的功能後，免費提供給使用 PTX GPU 的所有 NVIDIA GeForce Studio 的創作者。另外，CEO 黃仁勳付出心血的人工智慧領域，可在製作元宇宙世界時，透過 AI 以 3D 繪圖方式打造出與現實世界相似的環境，並推出對話型

虛擬分身 toyme，誕生出使用語言神經網的虛擬世界人工智慧虛擬分身。

這些科技巨頭們以各自的方式為元宇宙做準備，但我認為最強的企業是提供全球平台基地的 Meta Platform，它的破壞力來自於 Meta 目前所擁有的 Facebook、WhatsApp 和 Instagram 的使用者，合計 33 億名，如果 Meta 能好好建立地平線世界正式上線的話，一次就可能會有數十億名使用者登入！

因為擁有龐大的使用者基礎，光是提供可用代幣的這類行銷就已足夠，重要的是填滿這個宇宙的內容，**這要有各種企業提供內容與行銷，以及使用者們自行製作出屬於自己的空間與娛樂文化匯聚後，巨大的宇宙才算成形**。做為參考，元宇宙之母 Minecraft 中，使用者們經過 10 年來打造出的空間整體面積，是實際地球的 7 倍。

那未來元宇宙世界會像現在的 YouTube、Facebook 一樣，成為單一大型獨占企業的型態嗎？我認為可能會如同現在社會一般，依照用途與需求區分，例如喜歡遊戲的使用者、喜歡旅行或與人交流的空間、目的為讓遠距辦公更有效率的空間等，**發展為符合各種使用者需求的空間**。目前實際以元宇宙賺錢的公司，大部分偏重在遊戲或娛樂領域，例如 Roblox 與 Naver 的 Zepeto，以及多少更偏重在遊戲上的要塞英雄等，都是初級市場形成的優秀案例。

**未來拉攏使用者進到元宇宙平台最強的動力，很有可能就是遊戲**，而單純因為希望這元宇宙第二世界不要是個必須得培養角色、發展人際關係，下班後另一個令人疲憊的世界，因此可享受到的娛樂性要素要夠強大，或者在這個生態中必須要能夠賺到錢。

從 2021 年下半年出現的 P2E（玩遊戲同時能賺錢）概念，改變過去只能在遊戲中使用的貨幣概念。現在正發展成如《傳奇 4》使用的 Wemix，

或像在《Axie Infinity》（ASX），能把遊戲中賺到的代幣換成現金後運用到真實生活中，因此遊戲業者主導的虛擬世界或遊戲性，被視為未來元宇宙平台最強力的吸引策略。微軟之所以用 687 億美元收購最大遊戲公司動視暴雪，也是由於比爾蓋茲非常了解這樣的未來趨勢。

此外，**隨著元宇宙產業的擴張，受涓滴效應的產業也跟著受惠**，包含提供基礎建設的業者（5G、雲端、數據中心等）、元宇宙專用硬體（VR、AR 機器）、軟體（聯合開發引擎）等等，未來 VR ／ AR 因技術發展而普及，將會成為元宇宙產業成長的重要轉折點。珍艾碧絲將於 2023 年在韓國上市一款遊戲《鬼怪》，看好能呈現元宇宙的環境，大家可上 YouTube 找介紹影片來看。

## ② 電動車與自動駕駛：未來市場還很大，謹慎選擇相關產業來投資

通常特定產業急速成長的話，常會出現因政府祭出相關限制或消費者抵制價格等等，導致成長減緩的情形，相反地，**電動汽車產業卻是政府、企業和消費者三者同心，都很需要且獨一無二的產業。**

大部分的國家宣布在 2040 年前要達到碳中和，禁止生產內燃機汽車。站在企業的立場，雖然競爭將會很激烈，但電動車製造商的收益性，相較內燃機汽車要來的更高，不需要昂貴成本的引擎和變速器，充電電池價格也可能持續下降。最後是身為主體的消費者，除了能節省燃料費外，也能受惠於搭載自動駕駛功能的核心技術。

以 2021 年底為準，全球汽車銷售比重中，純電動車的銷售約 470 萬輛，普及率尚不到 6%；因為比任何現有產業都更能保障成長空間，電動車目標

銷售比重將達過半（約 4,000~5,000 萬輛）的 2030 年之前，這無疑一定是個高度成長的產業。作為參考，特斯拉 2030 年生產目標為 2,000 萬輛、福斯為 500 萬輛、豐田為 350 萬輛、現代車集團為 400 萬輛。這只是目標，看起來再怎麼努力增建工廠，目前似乎還是不足的。

**這裡重要的部分在於，是要選擇投資汽車業者、充電電池製造業者還是零件業者的判斷。**稍微回顧在第 1 章提到過的麥可・波特（Michael Eugene Porter）的理論，對汽車業者來說，這是搶走其他人市占率的絕佳機會，所以具有競爭力的業者能夠淘汰後來者，且增加銷售量；相反地，也會因為打破原有規則的創新業者出現，競爭會更加激烈。非屬傳統汽車製造商、以 AI 自動駕駛為武器的特斯拉、蘋果和 Google 這樣的科技巨頭的加入，可以推斷因具採購需求的企業客戶增加，充電電池業者最後將比汽車業者更有利，這是因為新進軍市場的科技業很難直接製造充電電池。

**充電電池製造業者以長期來看，是優秀的投資標的，但是這樣的企業也會因競爭者持續出現以及各家技術發展等因素決定成敗。**例如以最快速度讓電動車普及的歐洲，福斯、賓士以及 BMW 等企業持續發展最重要的充電電池，因為他們比起任何人都更清楚，不能只依靠中國和韓國的業者。2017 年成立的瑞典企業 Northvolt，果斷進行大規模投資，2021 年底才開始正式生產，已從福斯與 BMW 拿下 10 年約 270 億美元的訂單，該公司 2030 年充電電池目標生產力為 150GW（約 200 萬輛電動車的生產規模）；此外，仍在討論中、將供應特斯拉的中國億緯鋰能（EVE Energy）等等，具充電電池生產力的競爭業者正如雨後春筍般出現。

技術變化也是很重要的檢驗重點，這裡簡單要討論的話，韓國企業所採納 NCM 方式（鎳鈷錳三元）的電池，是袋裝型態更高效率的方式，而中國的 LFP 方式（磷酸鐵鋰）雖然在行駛距離上不利，但卻有著價格便宜

## 【採用 LFP 電池的主要型號與全球 OEM 採取的 LFP】

| 全球OEM集團 | 車輛製造商 | LFP適用型號 | 全球LFP擴張策略 |
|---|---|---|---|
| Tesla | Tesla | Model 3 SR+ | 適用小型電動車 |
| GM | GM-SAIC | 寶駿E300、宏光Mini | 無計畫 |
| VW Group | VW-BAIC | X5E、EC100 | 適用Entry型號 |
| Ford | Ford | 無 | 適用於使用EV |

資料：EV Volumes、報章媒體、三星證券整理

的優點，根據汽車業者到底要採取何種技術，就能讓充電電池業者幾家歡樂幾家愁。比起大部分韓國業者的生產方式，目前特斯拉選擇提高比重在成本上更具優勢的中國 CATL 的電池，我判斷在這兩種方式中，**低價型車輛的大量生產會採用中國電池，而高價型頂級車輛選擇韓國電池的可能性高，呈現兩種技術兩立的局面。**

　　最終，選出在充電電池產業下受惠且受到競爭與技術變化最少的產業群，會是最穩健的投資方法。這指的就是生產正極材料、負極材料這樣的核心材料以及用來包裝（如：銅箔與鋁箔）這類材料的製造業者，就能輕鬆地找出在產業中寡占的企業，它們也的確正在進行前所未有的擴廠。以這些擴廠企業的投資魅力為例，在下一章中會更詳細地進行說明。

# ③ 雲端數據產業：資安管理和 AI 投放廣告的技術將成重點

近期觀看 YouTube 的時間大於電視的人們越來越多，這樣的 YouTube 生態帶來爆發性的數據生成，每天睡一覺起來就會新增數百萬部新的影片，根據 YouTube 的資料，目前有 3,700 萬個 YouTube 頻道活躍中，假設它們一個月只上傳一支影片，每天也會產出並儲存 100 萬支的影片。

由 Google 生態所打造出依照收視觀看數決定經濟上報酬的強大系統，產生了這樣大幅成長的紅利；與大部分的企業結構不同，提供服務或產品的經濟活動，都是透過企業進行，即使對企業有高度貢獻的員工也只能拿到月薪和獎金，剩餘收入都會是公司拿走。

而 YouTube 僅是其中之一，目前包含 SNS（Instagram、Twitter 等）、社群媒體、部落格等等，每天生成的數據是超出想像的程度，**儲存並管理如此龐大數據，已經不可能單靠特定企業的力量就能做到，因此需要的產業就是每年以 40~50% 成長的雲端數據服務，以及以最佳化狀態供應給需要的使用者或使其能商用化的 AI 演算法**，這些都是 Google 最擅長的領域。

如果看約達 1,500 億美元的雲端服務的全球市占率，亞馬遜的 AWS 以 32% 位居第 1 名，微軟的 Azure 以 20% 為第 2 名，接著 Google Cloud 的 9% 為第 3 名，以上全都是美國科技巨頭。

現在的世界，企業已經不會把低效率的自有伺服器裝設在內部，可以視為全球大部分的數據最終都是美國科技巨頭企業來管理，就連將資安視為生命的美國國防部，也在使用這些企業的雲端服務，對於資安的擔憂至今沒有什麼問題。作為參考，中國的阿里巴巴和騰訊合計占約 10% 的市占率。

韓國的 Naver 雖然也有雲端業務，但仍不是亮眼的程度，其實像 11 街、

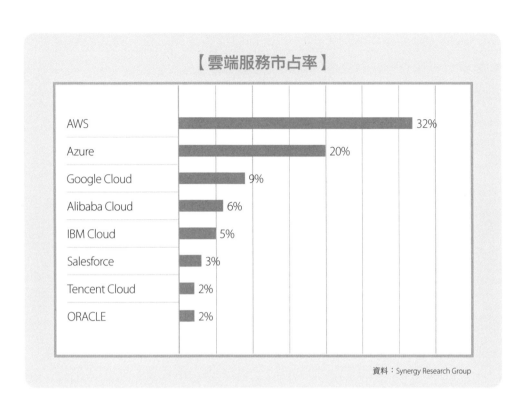

【雲端服務市占率】

| | |
|---|---|
| AWS | 32% |
| Azure | 20% |
| Google Cloud | 9% |
| Alibaba Cloud | 6% |
| IBM Cloud | 5% |
| Salesforce | 3% |
| Tencent Cloud | 2% |
| ORACLE | 2% |

資料：Synergy Research Group

Coupang 等等，都是使用美國亞馬遜的雲端。美國大多數重視大數據的企業也使用雲端服務，此時除了順暢的數據服務外，最重要的要素是什麼呢？

那就是以人工智慧 AI 讓企業或政府可將大數據正確用於指定目的的技術，例如 YouTube 透過目標行銷，精準投放廣告給關注內容各異的使用者，大幅提升廣告收入。透過 Facebook、Instagram 等 SNS 行銷，的確也正占有原本的傳統廣告市場，也有企業（Palantir、Snowflake、C3AI）提供 AI 數據處理技術給美國 CIA 或 FBI，協助查出恐怖攻擊或阻止商業間諜的服務。

**隨著數據的外部儲存增加，提供雲端數據資安方案的企業**

（CrowdStrike、Fortiner、Palo Alto）**以新成長企業之姿，持續展現高度銷售成長力。**從股票投資來看，唯一需要注意的點就是這樣的未來成長企業的技術和競爭力雖獲認可，但觀察是否為有獲利的企業也很重要，因為光有太遠大夢想的企業，其股價的變動性也很大，接下來的航太產業就是這樣的例子。

## ④ 航太產業：產業獨占性高，但還在起步階段

傑夫·貝佐斯、伊隆·馬斯克、理查·布蘭森都是宇宙時代的開拓者，過去是類似舊蘇聯與美國之間，以國與國的姿態進行宇宙霸權競爭，而現在大部分的球已經轉到民間了，理由是 NASA 等單位所進行的國家計畫，目的是為了宇宙時代的未來，公共利益的目的較大，是以稅金去運作，沒必要節省成本，相反地，民間企業積極跳出來投入航太產業，則是因為透過技術創新，創造可獲利的商業模式逐漸可行。

以不間斷的投資與技術開發，將深具魅力的「宇宙旅行」商品化的同時，他們的競爭也隨之展開，賭上世界最初或最好的名號，發展起航太產業。維珍銀河與傑夫·貝佐斯的藍色起源，首先成功地進行短暫的民間宇宙旅行，維珍銀河擺脫從地面發射火箭的傳統觀念，透過在母船飛行器上發射，呈現改善燃料效率與成本的改革，藍色起源的新雪帕德以傳統發射台進行垂直起降飛行技術，成功降低了過去連 NASA 都無法回收利用的發射台成本，讓宇宙旅行商業化變得可行。

雖不是最先發展宇宙旅行，但正進行的宇宙事業規模卻最大的 Space X，透過其可回收火箭獵鷹 9 號的反推力著陸技術以及大型宇宙船星艦，

讓它擁有最大規模與先進的技術力，且並非前面這些企業的 10 分鐘宇宙旅行，而是計畫 2023 年將展開讓 24 名民眾以月為單位進行宇宙觀光的計畫，除此之外，Space X 也計畫提供紐約到巴黎間僅需 30 分鐘、讓地球成為 1 小時生活圈的飛行服務，伊隆·馬斯克的最終目標，是在火星上建設衛星。

這樣未來產業的成長雖然需要相當龐大的投資，卻也提供了在未來建立獨占地位的機會，它們全都擁有巨大的可能性與未來性。從投資人立場來看，對於第三成長產業航太產業的投資盡量越晚越好，**因為前述電動車產業鏈與雲端產業的企業，是投資的同時也能賺到錢的週期，但航太產業的企業卻還在初期階段。**股價通常不會脫離對未來預估的銷售和獲利，航太產業的這些企業總有一天也會成為能誕下黃金蛋的天鵝。

獲利
思維

目前具代表性的未來成長產業有元宇宙、充電電池與自動駕駛汽車、雲端服務以及航太產業，其中產生收入與獲利的企業，其股價即便在股市動盪時也能上漲，而目前夢想太大的企業，則可以靜待開始產生績效的時候。

# 具獨占地位的產業，
# 在危機中仍會屹立不搖

　　即使在 10 年內就會出現一、兩次的經濟危機中，也不會受到太大影響的產業是什麼呢？前面曾簡單提到，就是提供必要服務的企業，讓我們進一步細分這類產業。

## 🏛 提供必要服務
## 且具有前景的產業

　　當然，當景氣蕭條期來臨的話，不可能完全不受影響，但是影響程度小的產業就是供應必需的產品或服務的公司。不考量個人喜好來列出這類公司的話，像 KAKAO 這種通訊軟體、網路平台、食品、電信服務、電力產業以及銀行保險業等等，都屬於此類，PC 與智慧型手機作業系統（IOS）、AI 服務以及全球雲端服務供應企業也屬於此類。

　　**在這多元產業內，也需要找出具前景產業的特徵**，例如已結束成長且飽和的電信產業，幾乎不會受到景氣變化的影響，但在投資層面上較無吸

引力；保險業或像電力這種公共事業產業，不太容易被景氣影響，但很難成為防守的角色。所以在「不會倒閉」的條件上，有個一定要加上並且多次強調過的核心要素——具備獨占的地位或力量。

先占領市場的企業太強且進入門檻相當高的產業，就是屬於具備獨寡占市場結構的產業。為進入新的市場，需要透過開發出凌駕於既有技術的創新技術或大規模資本的規模經濟，除了因上述這種競爭公司出現所造成的市場滲透外，在已經穩定鞏固的市場中不會有什麼競爭。

這樣的企業通常對股東來說會帶來有利的結果，但對消費者來說可能也會是不利的結構，站在消費者、同時也是潛在股東的立場來看，透過成為這種企業的股東，轉為對我們有利的結構即可，為能進一步理解，以下舉例說明這種企業群的三大核心條件。

## ① 品牌：無法被替代、支配消費者的強大力量

以可樂為例，全世界消費者只喝可口可樂和百事可樂，雖然有其他各式各樣的飲料，但不會開發新的可樂與其競爭。各位可能是第一次聽到，過去在韓國也曾短暫出現過「815 獨立可樂」和「海太可樂」等品牌，但現今世代連聽都沒聽過。雖然不太可能，但如果三星集團斥資突然要推出三星可樂的話，大概也會是類似的結果。

**商品差異化不大的品牌若已經獨占市場的話，那該產業就很難發生大幅度的變化**，這種品牌企業支配消費者的力量，可以從我們都知道的勞力士、愛馬仕、Gucci 這樣的名牌產業中感受到，因為有品牌的力量在，即便需求再怎麼增加也不隨便增產，且擁有透過限量版行銷手法，還能自由地

調升價格。直到現在，在包含韓國、中國在內的亞洲區域，在名品上市時，還是會看到熬夜排隊或需要在百貨公司搶購的現象，無法替代且地位穩固的品牌們，讓它們成為永遠的甲方。

## 🏛 ② 獨占技術的企業：技術競爭力強大的 龍頭企業

在任何產業要找到獨占的企業其實幾乎是很困難的，這是因為當企業要獨占某種產品或服務，就會擁有決定價格的能力，且能藉此享受到高額的獲利空間，而該產業中的其他大企業見狀，絕對不會任其發展，馬上就會透過擴張新業務和集中大規模投資與行銷去搶下市占率，這才是正常的競爭市場原理。

但也有無法這樣做的產業，就是具備誰都無法趕上的技術競爭力，或甚至還能自己創造出全新成長產業的那些革新企業群。

舉例來看的話，1990 年代末期，隨著 PC 的普及電腦產業大幅成長時，微軟開發出 PC 作業系統 Windows，這是從在此之前每件事都必須一個個輸入命令的 DOS 系統，進步到任何人都可以輕鬆上手的改革創新。而經過 20 年的現在，除了蘋果 MAC 電腦的 PC 用作業系統外，仍獨占大部分的 PC。之後從 2008 年起開啟智慧型手機市場，核心作業系統由 Google 的 Android 與蘋果的 iOS 兩強並列，獨寡占仍然持續。

網路服務平台（Service Platform）產業其實也一樣，以新技術為基礎大舉創新的這個產業，除了在韓國與中國外，是 Google 成功取得全球最具主導力公司的地位，在此之前先出現的雅虎或 Lycos 因為技術力不足，就失去了大部分已經搶下的市占率。

韓國的 KAKAO、美國的 Facebook Messenger，以及同樣為該公司旗下的 Whatsapp 這樣的 SNS，雖不是需要強大技術的軟體，但藉著贏者全拿（winner takes all）策略的產業特性，帶出獨占整個市場的結果。作為參考，日本的通訊軟體市場由 Naver Line 獨占約 70% 的市占率。

## ③ 核心製造商：隨著下游公司的 成長確保自身獲利

在這些具主導力的公司成長過程中，供應鏈上具備技術基礎的製造業者也不可或缺。在該產業生態中，提供技術和服務的核心企業，可在下游客戶成長的同時也保障自身的高度成長。

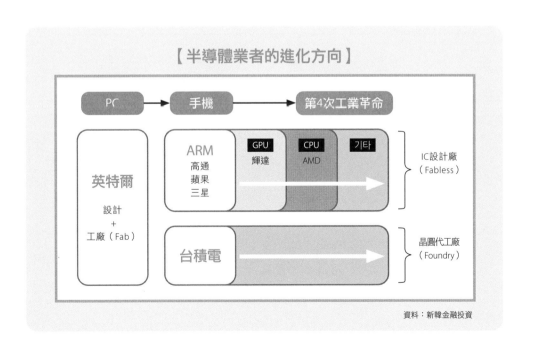

【半導體業者的進化方向】

資料：新韓金融投資

| 核心作業系統 | 微軟、Google、蘋果、特斯拉 |
|---|---|
| 電腦晶片/半導體 | 三星電子、台積電、輝達、ARM、高通 |
| 平台企業 | Google（YouTube）、Naver、百度 |
| SNS企業 | Meta Platform（Whatsapp、Instagram）、微信、KAKAO、Line、Telegram |
| 電商交易 | 亞馬遜、阿里巴巴 |
| 雲端/AI | 亞馬遜、Google、微軟 |
| 自動駕駛/AI | 特斯拉、Google、福斯 |
| 內容平台 | Netflix、迪士尼、騰訊 |
| 科技金融 | Paypal、Square、阿里支付、KAKAO Pay |

資料：新韓金融投資

　　例如，為發展自動駕駛技術或 AI 電腦，就一定需要像 ARM 或輝達這種 IC 晶片設計公司以及進行生產的台積電或三星電子這種製造廠商，而進行雲端數據中心的 AI 演算，也需要用到輝達的 GPU 晶片。當然，蘋果、Google、特斯拉等企業也會設計並使用自己的晶片，但製造生產仍然不得不交給台積電。這類企業群中，雖然各自也會有競爭，但具備大規模資本投資下的研發能力且達到規模經濟的這些公司，已經享有難以追趕上的主導地位。

　　綜合來看，其實要形成獨寡占的要素就是技術競爭力、全球品牌、大規模資本這樣的要素，具主導力的企業所在的業種，即使在經濟危機或像Covid-19疫情這樣的衝擊下，也不會受到太大打擊，上表是依各產業別整理出具主導力的企業。

獲利
思維

在危機到來時也不會動搖的產業，可在具備獨寡占市場地位的企業中找到，這種獨寡占企業來自於品牌、核心獨占技術以及規模經濟這 3 大要素。

# 第 5 章

# 6種「穩賺公司」
# 的類型

# （1）不只看獲利，更要看成長率

　　在這一章，我們來看看專業的經理人檢驗企業獲利的方法和順序。雖然看起來很簡單，不過，希望無論是初學者或自認已經有投資經驗的人，都可以再次確認自己的評估方向是否正確。

　　雖然不用像專業經理人要看得這麼深入，但一般投資人也能找到所需要的績效資訊。重要的是找到呈現出企業獲利未來展望值的分析師共識，在入口網站搜尋想了解的企業名稱，就會跳出該企業的訊息，包含企業的績效預估值。

　　舉例來說，看看現代汽車的財務報表，預設畫面就會出現年度績效與季度績效，按下最上面「更多」的按鈕選取年度獲利的話，還可看到兩年後的獲利；改成季度獲利的話，可以單純只看季度獲利。這種觀看獲利的操作大家應該都很熟練了，但這裡想要強調的有兩點。

## 注意「年度獲利」和 「季度獲利」的成長率

**第一，需要確定明年與後年的年度獲利的成長率，是否比過去平均要高。**投資時，盡可能要找企業獲利增加 20% 以上的企業，其收益率會比 KOSPI 指數更高，且同時獲利增加的可見性也必須要高。分析師也是人，大部分都會持偏正面的觀點，常常發生即使明年獲利尚不明確、也會預估獲利向上走的狀況，所以觀察獲利預估值變化才更為重要。

參考自己使用的證券商或股市資訊網等資源，就可以追蹤到分析師所預估的企業獲利變化，如果獲利預估值與先前共識相比差異很大時，馬上就反映在股價上的可能性就很大。

**第二，也是非常重要的「季度獲利成長率」，因為這個數字能幫助投資人掌握企業獲利轉折時間點，所以比起年度獲利更為重要。**季度獲利通常是跟前一年度的同期相比計算成長率，重點是，要確認季度獲利成長率幅度最低或最高的時間點是何時。

例如，季度獲利持續減少、但在下一個季度開始反彈的話，通常即使 PER 還很高，股價反轉上升的機率高；反過來用也很重要，如果能知道該季是季度獲利成長率的高峰點，之前上漲的股價在那個時間點開始，會轉為下跌的可能性就會提高。投資人在此要注意的是，並非看獲利的絕對金額，而是要看成長率幅度縮小的時候，所以當某個企業出現「寫下獲利歷史新高」的新聞，常會接著出現股價轉為下跌的情形。

# 【現代汽車企業績效預估值】

| IFRS(合併) | 年度 | | | |
|---|---|---|---|---|
| | 2018/12 | 2019/12 | 2020/12 | 2021/12(P) |
| 營業收入 | 968,126 | 1,057,464 | 1,039,976 | 1,176,106 |
| 營業利益 | 24,222 | 36,055 | 23,947 | 66,789 |
| 營業利益（公布時基準） | 24,222 | 36,055 | 23,947 | 66,789 |
| 本期淨利 | 16,450 | 31,856 | 19,246 | 56,931 |
| 股東應占淨利 | 15,081 | 29,800 | 14,244 | 49,424 |

| IFRS(合併) | 季度 | | | |
|---|---|---|---|---|
| | 2021/03 | 2021/06 | 2021/09 | 2021/12(P) |
| 營業收入 | 273,909 | 303,261 | 288,672 | 310,265 |
| 營業利益 | 16,566 | 18,860 | 16,067 | 15,297 |
| 營業利益（公布時基準） | 16,566 | 18,860 | 16,067 | 115,297 |
| 本期淨利 | 15,222 | 19,826 | 14,869 | 7,014 |
| 股東應占淨利 | 13,273 | 17,619 | 13,063 | 5,469 |

資料：Naver

對於更詳細的企業業務展望內容與績效的資料，就必讀每一季都會公告的業務報告書（季報）。從業務現況、產品價格趨勢、原料價格趨勢、生產能力與產能利用率到持有資產現況等等，投資人所需要的企業資訊一應俱全。在後面的「企業分析篇」中雖會更詳細地說明，這裡還是想先說，**如果發現上調產品銷售價格或產能利用率上升的企業時，該企業績效很有可能會超過預估值。**

> **獲利思維**
>
> 如果要選出一個最能確定股價上漲的條件，那就是「企業獲利」；且企業獲利的檢驗，必須集中找出季度和年度獲利成長率高低點的作業上。

# （2）當企業進入大規模
增設階段

　　找出正在增設生產設備的企業並不難，可以搜尋新聞。因整體產業需求好所以一定得增設的產業，稍微留意一下就能看到新聞報導；進入增設週期的企業是很好的投資標的，因此當企業出現增設的新聞，就必須要馬上開始做功課。

## 投資擴廠的企業之前，
## 要滿足兩個條件

　　但是也不代表可以無條件投資正在增設的企業，要同時考量兩個最重要的先行條件。必須要區分（1）**對於該企業產品的供不應求，是否為長期性的？以及（2）產業特性是否為因生產者多、競爭會更激烈？**若滿足這兩者的話，這家企業的獲利成功率就有 70% 以上。

　　來看看從 2020 年起就供不應求的曉星 TNC 彈性纖維產業。

　　曉星 TNC 在彈性纖維產業中可說是全球第一名的企業，2020 年 11 月，

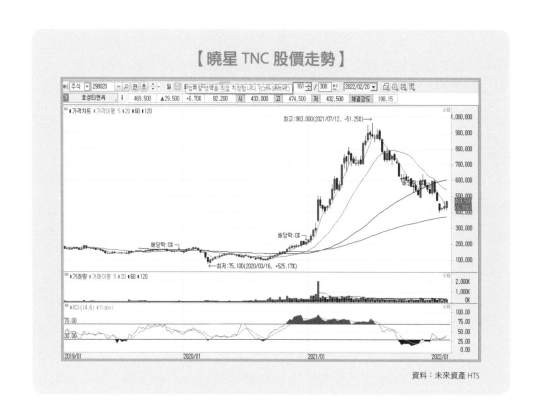

【曉星 TNC 股價走勢】

資料：未來資產 HTS

該公司公布彈性纖維工廠增設計畫，11 月初在土耳其增設 15,000 噸、讓生產力增加到 40,000 噸的新聞。透過搜尋相關報導得知，1 個月後的 12 月 7 日，公布在巴西工廠增設 1 萬噸生產的計畫，此外包含中國等地的設備增設，總共會增設 14 萬噸，訂下在 2 年內將總生產力增加將近 100% 的計畫。

　　這當然是起因於彈性纖維的強大需求，以 Lululemon 公司為大宗的瑜珈服和彈性纖維製成的運動服需求是其主要原因。

　　接著來看前述第二個條件是否符合，強大的供不應求已獲得確認，但在市場主導力層面來看，該公司的全球市占率以約 35% 為最高，這次透過兩年內的積極增設，將會擁有相較中國競爭者更強的規模經濟力，但若中

國企業也一起投入增設的競爭中，事情就會變得不一樣了。**因為在競爭市場中，生產量增加會伴隨價格下跌，這與寡占市場不同需區分開來看。**

在 2020 年 12 月左右看到前面的新聞時，當時投資人又是怎麼反應的？我們來假設看到第一則和第二則新聞後，在 2020 年 12 月 7 日買入曉星 TNC 的股票，可看出當時能以 191,000 的股價買進。

其後的 6 個月之間，曉星 TNC 的股價驚人地一度上漲到最高點的 96 萬韓元，漲了 4 倍以上。即便這是大家都看過的新聞，先買進股票且持續關注就對了；即使中間賣出股票，也能實現 2 倍以上收益的原因，就是因為彈性纖維價格快速上漲而能夠大力支撐企業績效。

但是一年過後，為何該公司股價會大幅下跌呢？這是因為中國業者第二名的華峰和第三名的山東如意，也跟著該公司增設的腳步一起跳進擴廠的競爭賽事，而曉星 TNC 的股價在工廠完工時間點的 2021 年第 4 季起開始下跌，**投資人也看透了從供不應求轉變到供過於求的狀況**，在非獨寡占的市場上了「競爭加劇會帶來股價下跌」的一課。曉星 TNC 的獲利快速成長後，在 2021 年底的 PER 掉到 3 倍以下，股價變得相對便宜。

## 看到企業擴廠，
## 先了解「需求增加」是短暫的嗎？

接下來，我們應該來看看有哪些產業正在增設中，才更有意義。目前韓國國內的產業中，最積極促進生產設備增設的就是充電電池產業，特別是組成充電電池原料的增設更是大幅成長，可總結為大家已經都知道的正極材料、負極材料、分離模、銅箔、鋁箔等等，這邊來看看其中比重最大的核心原料正極材料。正極材料製造商以 L&F 和 Eco Pro BM 為代表企業，

## 【正極材料增設計畫】

| | Eco Pro BM | L&F | 合計生產 | 成長率（較前年相比） |
|---|---|---|---|---|
| 2020 | 50,000 | 30,000 | 80,000 | |
| 2021E | 60,000 | 50,000 | 110,000 | 37.5% |
| 2022E | 90,000 | 90,000 | 180,000 | 63.6% |
| 2023E | 174,000 | 130,000 | 304,000 | 68.9% |
| 2024E | 216,000 | 170,000 | 386,000 | 27.0% |
| 2025E | 324,000 | 230,000 | 554,000 | 43.5% |
| 年平均 | 45% | 50% | 47% | |

資料：Growth Hill 資產管理、各公司

透過 LG Energy Solution、三星 SDI、SK Innovation 等業者，供應全球電動車業者原料。

電動車市場的成長性已經提過很多次，接著單就 L&F 增設生產設備來看。該公司 2021 年底生產能力（capacity）以汽車生產量為基準約 110 萬輛（以正極材料為基準約 5 萬噸），且計畫生產量預計為 2022 年 210 萬輛、2023 年 330 萬輛、2024 年約 490 萬輛（以正極材料為基準約 17 萬噸），4 年內 400% 以上驚人的成長。在這種產業週期中，歷史上也很難找到相仿的，重要的一點是增設生產設備是已經在接到所有訂單的狀態下進行，且又是全球第 1~5 名的汽車公司；該公司銷售額中，供應給特斯拉的量占 50% 以上，換句話說，即使進行大幅增設，需求減少或無法收到貨款的可能性很低。

到了 2021 年底，銷售量達 1.4 兆韓元的 Eco Pro BM，光從 SK Innovation 就拿到 10 兆韓元的訂單，L&F 也透過 LG Energy Solution 拿到供應給特斯拉的超過 5 兆韓元訂單，而該公司 2021 年銷售額也不過 1 兆韓元， 2023 年的預估銷售額超過 3.3 兆韓元。

重要的是有關增設的新聞已經從 1~2 年前報導過許多次，比起認真的查找企業分析報告，或付費訂閱資訊網站，企業擴廠增設的新聞一定要注意看的理由就在此，**且這產業就是具備寡占結構的合格條件。**

這種原料廠商的成長趨勢要減緩的話，也要到 2024~2025 年後了，跟停在短期週期的產業確實截然不同。而因為 L&F 的股價在過去 1 年間已上漲 5 倍，其中當然有一部份是提前反映的，但因為未來幾年仍會維持高度成長，與撰寫本書的現在相比，2 年後再去看股價的話結果，應該會很有趣不是嗎？

最後列舉出現在也正在進行許多增設和投資的產業，包含環保能源（充電電池原料、太陽能、氫、風力等）、媒體／內容、生技、遊戲等等。**就算是沒有工廠的產業，只要增加投資且有競爭力的話，就需要睜大眼注意看**，例如媒體業就跟去年作品數相比、像 HYBE 這種娛樂公司就是演唱會場數，而遊戲公司就是大型作品上市計畫，提前確認以上內容即可。

獲利思維

增設、擴廠的因素，對股價上漲最有魅力！企業計劃大規模投資增設時，就是因供不應求而對長期需求有信心的時候，如果是增設競爭不激烈的產業的話，增設後的未來獲利就會快速成長。

# （3）漲價後，銷量
# 維持不變的公司

　　企業如果遇到強力的供不應求狀況時，會考慮兩種行動，第一是如前所述，透過擴廠增設等計畫，增加生產量、提高銷售額，第二是先調漲售價，讓需求自然而然減少的同時，獲利也會提高。

　　企業判斷要做出那一種行動時，會根據供不應求的現象是否能持續很久，決策也會呈現不同的方向。長期需求相對較能確定時，雖然會採取增設，但因為此舉長則需要幾年的時間，很可能會先選擇調升價格。

　　調升產品的價格其實是非常大的事情，調升價格的話客戶可能會有不滿，造成銷售量馬上下跌的問題，即使如此卻還能調升價格的企業，就能認可是具備強大力量的企業，所以調升價格的新聞出現時，可以理解為這是馬上買進股票也可以的強力新聞。

# 不僅有大量需求，漲價後銷售量也不變

假設 A 企業調漲價格，消費者的相對需求就會聚集到競爭對手 B 公司產品上，A 企業的市占率很可能被搶走，雖然最後 B 公司可能也會不得不調漲價格，但選擇調升價格的 A 公司，最後證明了該公司商品銷售量並未受到太大影響的穩定競爭力。

調升產品價格的企業，依照原因大致上可分為兩種。

首先是因為原物料價格上漲，不得不轉嫁到產品價格上，以及需求大量增加而調升價格。**其中因需求增加企業調升價格，當然比受到原料價格壓力調升更有利。**

在此需要進行進階分類，同樣面對供不應求，因調漲價格發生銷售量下跌的情形，以及無關價格能繼續維持銷售量，屬於後者案例的企業已用粗框標註，這種屬於超級等級（S 級）企業的話，就是非常有機會穩定獲利的投資候選。

以世界第一名非記憶體半導體廠的台積電為例，該公司因科技巨頭公司如蘋果、Google 等等的半導體晶片需求增加，以及車用半導體供應不足的現象，2021 年下半年將非記憶體半導體價格調漲約 30%，這通常在長期供貨合約中調漲不會超過 10% 的產業特性上，算是非常大幅度的價格調漲了，也是因為結構上供不應求才有可能的案例。

且因為該公司全球市占率是壓倒性的 53%（三星電子以 17% 位居第 2），客戶幾乎沒有任何對於調升價格的抗拒。像這樣台積電在超級甲方的位置上，雖先選擇調升價格，但產品銷售需求完全不會減少；加上因為這種需求是結構性且長期性的，該公司也公布擴廠計畫，投資約 10 兆韓元

## 【價格調升的原因與維持銷售量的企業群】

| 調升價格原因 | 銷售量減少案例 | 銷售量維持案例 |
|---|---|---|
| 1.原物料上漲 | 橋村炸雞、真露、鋼鐵 | 農心、三養食品 |
| 2.需求增加 | Netflix、特斯拉 | 台積電、香奈兒、蘋果 |

資料：Growth Hill 資產管理

興建日本工廠，在德國也準備進行生產能力增設計畫，最終該公司將年度 280 億美元的投資計畫大幅提升到 400 億美元。

　　舉其他例子來看看，像是路易威登（Louis Vuitton）、香奈兒（Chanel）這種名牌企業，光是 2021 年在韓國就調漲價格 5 次以上，且就算每次調漲都至少 5% 以上，還是會有前一天就在百貨公司前露宿排隊的情形（先搶先贏活動時），這種情形也是即使不斷調升價格，需求也完全不會減少的案例。

　　這種企業的好景氣也完整反映到股價，從下頁圖可以看到路易威登（LVMH）股價在同個時期與 S&P500 比較的話，美股指數上漲 66% 的期間，該公司股價甚至上漲了 155%。

　　作為參考，圖中間大幅上漲後下跌的企業是 Netflix。Netflix 調漲了訂閱費用，這是因製作成本增加以及為了開拓印度市場，與路易威登這樣名牌的差異在於，若是調漲每月訂閱費用，對消費者來說還有蘋果 TV、亞馬遜 Premium 等替代方案可選，所以訂閱者數反而會降低。

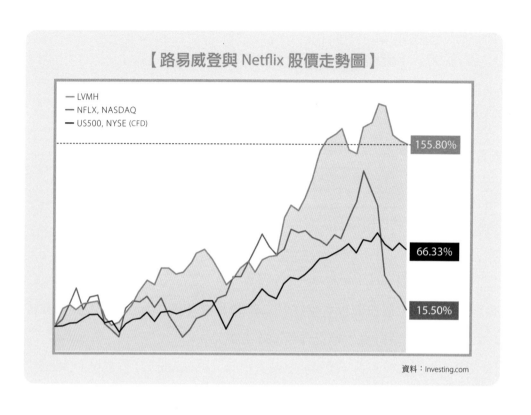

【路易威登與 Netflix 股價走勢圖】

- LVMH
- NFLX, NASDAQ
- US500, NYSE (CFD)

155.80%

66.33%

15.50%

資料：Investing.com

　　如上所述，價格調漲是因消費者供不應求的案例，在股價層面來說是最強的動能，但是也會有即使調漲價格，但股價也沒有大漲的時候，這就是因原物料價格上漲而不得不調漲產品價格的情形。例如農心和不倒翁在2021 年 8 月各將泡麵價格調漲 9%、12%，是因為泡麵原料中的小麥價格已大幅上漲 30% 以上。

　　注意前一頁圖表右上角的位置，泡麵調漲價格的話，即使銷售量暫時會減少，但因為沒有替代品、所以銷售量很快就恢復了。比起原物料價格未上漲而是供過於求，位於該表下段的企業，這種情形雖然收益性沒有大幅改善，但調漲價格的意外地帶來讓銷售額和營業毛利大幅增加的效果，

此次因價格調漲，農心 2022 年營業利益預估將增加約 30%，這是因為只調漲價格但沒有增加投入的原料，所以固定成本和變動成本互相抵銷所致。對於調升價格效果的詳細內容，會在第 6 章中會透過數字來證明。

獲利思維

企業會調升產品價格，發生在「原物料價格上漲」或「供不應求」的這兩種狀況。在這之中，供不應求帶來的價格調漲、且因銷售量未下跌還能增加銷售額，就是最強的投資機會。

# （4）在供需中，轉為
# 掌握優勢一方的企業

我們常在生活中會看到以甲方身分施壓的新聞，通常說是甲方的話，在締結合約時，在相對具有利地位和不利地位的關係中，指的是站在有利地位的人，甲方如果進行無理的權利行使時，我們會用「甲方行徑」一詞表現出這項社會問題。

企業間也存在這種力量關係，例如在衣服這種消費財上，購買衣物的消費者就是在甲方位置，然後服裝公司要生產服裝時要採購織品，此時對於紡織品業者來說，服裝公司就成為甲方，屬原物料供應商的紡織品業者就成為乙方，所有產業都具有各自的供應鏈系統。

## 供方或需方的優勢，
## 有可能隨時改變

但重要的不是合約上的甲方和乙方，**而是誰站在擁有實際力量的位置上這點**。時尚名牌的香奈兒、愛馬仕就是明顯的甲方，因為帶著錢來的消

費者仍要從很早就開始排隊；相反地一般品牌的時尚商品，消費者才是甲方。若從企業來看其代表的產業，像 Nike 這樣的業者，委託海運業者進行運輸，而運輸業者向造船業者訂購船隻，造船業者向鋼鐵業者購買原料，這些企業之間有時會對某些人是甲方，對某些人卻是乙方。

那麼在投資的立場來看，應該關注在何種位置的企業呢？當然就是選出擁有甲方力量的企業來投資就好。在這麼多的產業來看，除了部分供應名牌的企業之外，屬於甲方力量的企業其實不多。

2020 年 Covid-19 疫情後，全球供應鏈開始發生嚴重延誤，因此甲方和乙方的平衡也產生變化，例如像 Nike 這樣屬於貨主的企業，在東南亞生產鞋子後，要透過貨櫃船運送到全球消費國家，Nike 這種大型優良客戶擁有決定要使用哪家貨運公司的權力，也有獲得長期運費折扣的力量。

但在 Covid-19 疫情後，開始產生貨櫃船訂單與生產的延誤，各國港口運作狀況也開始變得艱難，最後因船隻不足的狀態，貨櫃船的國際運費暴漲，**讓權力平衡從貨主轉到海運公司上**，成為甲方的船主將運費調漲近400%，這種情形也持續了一年以上。

因此，韓國貨櫃船公司 HMM 的股價也從 2020 年夏天的 5,000 韓元，飆到 2021 年夏天的 5 萬韓元，上漲了 10 倍左右。當然從結果論來看，航運費用提高也是暫時性的，船公司的股價在那之後雖然下跌，但值得關注的是，這也給認知到這種產業變化的投資人帶來巨大的機會。現在則是賺了很多錢的海運公司更積極需要船隻訂單的狀況，而這股力量的平衡，也逐漸轉移到過去長期因投資設備過剩而艱苦的造船公司身上。

當發生結構上甲方和乙方的地位（權力）變化時，就帶來巨大的投資機會，這裡的重點在於投資人要掌握當甲乙方權力調換時，是否具有將提高的費用轉嫁到購買者身上的能力。

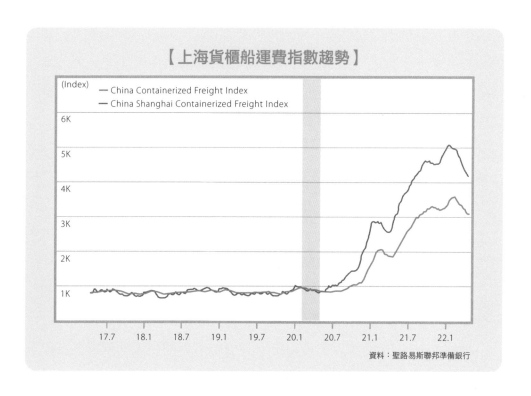

【上海貨櫃船運費指數趨勢】

(Index)
— China Containerized Freight Index
— China Shanghai Containerized Freight Index

資料：聖路易斯聯邦準備銀行

在這種狀況下，需要了解何種結構呢？當然，「甲方力量」對於越是獨寡占力高的產業越有利，例如在 2005 ～ 2008 年間，中國展開大量基礎建設投資時，最缺乏的就是鋼鐵材料，鋼鐵價格雖然上漲很多，但實際上原料的鐵礦石上漲趨勢更多，理由是在中國雖有 3,000 個以上的鋼鐵製造商，但因為供應鐵礦石的業者，巴西的 Vale、Roi Tinto、BHP 等 3 間公司的市占率合計就已經高達 60% 之故。

因此我們可以看到同屬鋼鐵產業內，在處於供不應求週期時，少數的寡占企業會擁有更強的賣方力量。總結來說，在寡占的產業結構中，甲的關係發生變化時，力量更強的企業很可能就會變成甲方。

獲利
思維

企業之間的供應鏈關係中，偶爾會發生力量平衡完全轉變的現象，
不管是哪種產業，在設備過多而造成大幅結構調整過後，必須特
別留意存活下來的企業。

# （5）買入庫藏股回饋股東的大型企業

　　到目前為止，前面幾個觀察條件都是成長中的企業，但也有不一定是高成長、股價也穩定上漲的企業。

　　企業經歷高度成長階段後，會進入穩定成長的階段，一旦進到這個階段的話，就會發生不需要再追加投資的情形。例如，韓國星巴克的全國總店面約有 1,600 間，超越日本的店數成為全球第 3 名，非常驚人，已經到沒地方再開店面的程度。以人均來看是壓倒性的世界第一，能稱之為極度喜愛咖啡的咖啡民族了！我個人猜測是因為韓國人的飲食文化上午餐吃太快的關係，和很久沒見的人吃完飯後馬上分別又太可惜，所以只好去咖啡廳——無論如何，韓國的確就是咖啡消費王國。

## 進入穩定成長的大公司，要觀察「股東價值」

　　由新世界集團直接經營的韓國星巴克，每年營業利益約有 2,000 億以

200

上，多達能占 E Mart 整體利益的 40% 以上。如果沒有必要再擴張店面的話，企業的選擇就是將這段時間累積的現金進行配息或買進庫藏股才對；如果持有過多現金的話，只能拿到最低的 2~3% 的利率而已，這會造成整體 ROE（資本收益率）下降。

　　**像這樣因難以繼續成長而不需要進行投資的企業，需要透過積極的買進庫藏股註銷或配息來滿足股東要求的收益**，這種股東價值的提高，與韓國企業相比，在美國企業中可以找到更多例子，整體美國企業的股東回饋比率約 89%，但韓國卻止步於 28% 水準，這就是全球股市中韓國折價（Korea discount）最多的原因，和美國股價指數與 PER 倍數約有 2 倍的差異，在開發中國家的市場中，股東回饋率和 PER 也是最低的。

　　來看看已經不需要大幅成長的美國企業的案例吧！屬於跨國企業的麥當勞，在 2019 年買進 50 億美元的庫藏股後進行註銷，接著從 2020 年起不設期限、啟動買入 150 億美元庫藏股的程序。考量 2020 年該公司淨利約 47 億美元且持有現金僅 30 億美元的話，這其實是很大的規模，最終該公司回饋給股東的錢比 1 年內賺的錢還多。

　　韓國大股東們可能完全無法理解，但也有像蘋果一樣透過借款支付股息的企業，另外除麥當勞外，像可口可樂、星巴克還有主要銀行等不太需要進行投資的企業，會不留任何利益、全都回饋給股東。

　　那麼，在美國買入最多庫藏股並註銷的企業是哪一家呢？答案就是蘋果。蘋果在過去 5 年間買進 4,440 億美元的庫藏股並註銷，光是 2021 年，包含配息在內就高達 1,000 億美元，完全超出蘋果 2021 年淨利平均的 950 億美元規模。蘋果創辦人史蒂夫·賈伯斯（Steve Jobs）在經營公司的期間並沒執行買進庫藏股和配息，因為當時他更重視為了未來的創新投資。

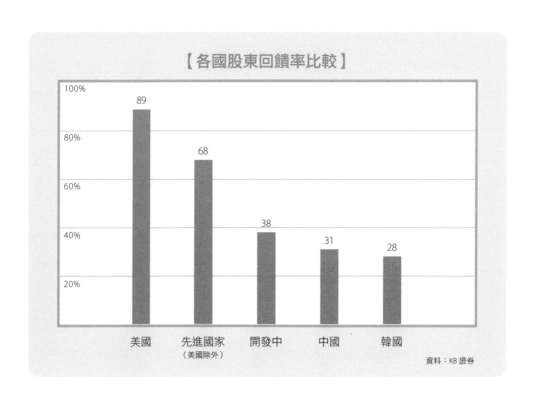

【各國股東回饋率比較】

89 美國
68 先進國家（美國除外）
38 開發中
31 中國
28 韓國

資料：KB 證券

　　但是他的後繼者庫克當上 CEO 後，強烈的要求對主動型基金（Activist）的股東回饋，因而改變蘋果的現金流。大家會記得在韓國被稱為企業獵人的卡爾‧伊坎對蘋果的攻擊，蘋果現在透過借款對股東進行股東回饋，之前累積的持有現金減少到 600 億美元，相反地負債卻增加到 1,600 億美元。

　　蘋果、微軟、Alphabet、Meta Platform 買進庫藏股的比重達到美國全體企業的 24.1%（以 2021 年預估為基準），蘋果的比重占 10.7%、Alphabet 6.0%，微軟與 Facebook 各約占 3.7%，微軟從 2019 年起進行配息與庫藏股在內共 230 億美元的股東回饋政策，最近發表約 600 億美元的全新庫藏股買進註銷的計畫，Google 每年約買進 100 億的庫藏股。

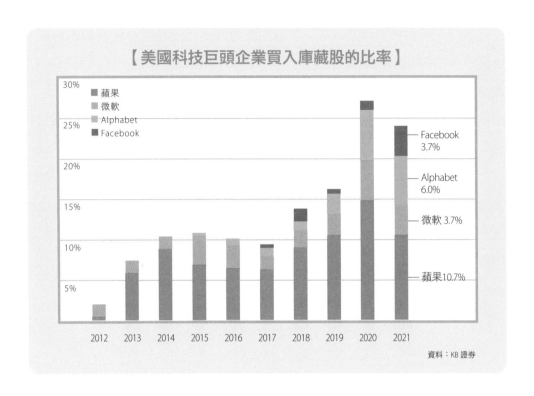

【美國科技巨頭企業買入庫藏股的比率】

蘋果
微軟
Alphabet
Facebook

Facebook 3.7%

Alphabet 6.0%

微軟 3.7%

蘋果10.7%

資料：KB 證券

前面提到非成長型的大企業主要常做配息或買進庫藏股，但對成長性高的科技三巨頭進行如此高的股東回饋，相信有人會感到疑惑，其實是因為美國的股東資本主義以及金融機構投資人為企業大股東的結構性原因。

若觀察市值高的大部分企業，主要股東都是先鋒領航（Vanguard）、黑石（Blackrock）、道富（State Street）這種金融機構，除了創業沒幾年的企業外，很難找到像韓國一樣透過控股公司控制或個人大股東，這是在公司歷經多次資本調整後，成長為巨龍企業的同時自然而然產生的現象，因為如此就更不得不回應金融機構投資人要求的股東回饋。

投資更多資本在未來創新技術投資與企業併購上，雖然看起來是對的，

**但是維持大規模股東回饋政策，也被認為是能夠支撐美國股價指數的力量，**重要的是主要機構投資基金其實大部分是散戶投資人的錢，因為特別在又稱為 401K 的退休年金發達的美國，股東的利益最終會回到全體國民身上。作為參考，在美國退休年金中，投資股票比重達到 50%，而美國企業每年買入庫藏股註銷的規模超過 1.2 兆美元。

而現在韓國投資人也應該關注起獲利成長雖不大、但股東回饋計畫越來越好的企業，且也需要韓國機構投資人讓企業在股東回饋上更積極，成為股東行動主義的角色，我們若能找出增加配息與買入庫藏股的企業後進行投資的話，就不會再批評股東資本主義了，因為我們只要自主成為股東後，安心享受配息的果實即可。

獲利
思維

全世界股東回饋最低的韓國企業，其股價被折價也是當然的，但是如此它的機會也大，股東們為了自己的利益，應該更積極地參與股東行動主義。

# （6）打破規則的創新或
# 獨占技術的企業

## Ⓐ 改變遊戲規則者與破壞市場者：
## 特斯拉、Netflix、Space X

提出全新模式的創新企業，推倒現有傳統產業的秩序，以全新強者姿態登場時，會提供非常大的投資機會。進入 2000 年代後，最好的例子就是特斯拉，該公司狂甩已經開發自動駕駛技術 10 年以上的 Waymo（Google），登上自動駕駛商用化的獨一無二地位。

Google 從 2009 年開發 Waymo，使用雷射的雷達系統（Lidar）實現自動駕駛功能，但問題是成本過高。相反地，特斯拉使用感光元件方式的攝影機，達成經濟效益。福特、BMW 等跨國汽車業者，也透過與英特爾的 Mobileye 的合作著手開發技術，但是目前特斯拉的商用化還是站在最前面。

Netflix 則是將原有衛星電視或 SO（有線）電視的播放方式，轉為想看影片時就選來看的隨選播放（On-demand）方式，改變了產業的方向，並積極投資於跳脫好萊塢方式的多國家文創內容的製作，同時具有能透過

AI 分析觀眾喜好等的競爭力，最後引進全球超過 2 億名訂閱者，成為最大的媒體平台。

該公司為提升全球自行製片能力，每年投資 5 兆韓元以上，寫下讓韓國的 K-Drama 達到 Netflix 全球史上最高收視率的紀錄，這樣的積極投資與模式變化，打破了傳統影視播放市場。

列舉如特斯拉和 Netflix 這類企業的特點如下——

- 提供消費者首次體驗到的全新服務。
- 不停持續進化。
- 透過訂閱經濟引導持續購買。
- 比起擁有，更重視經驗。
- 透過 R&D 與併購拉開距離。

## Ⓑ 獨占技術的生產者：台積電、三星電子、輝達、英特爾、艾司摩爾（ASML）

為了實現未來成長產業中 AI 大數據、雲端服務、自動駕駛車等等的服務，對這些首屈一指的巨龍們，也需要能實現這些技術的硬體設備。AI 技術與自動駕駛功能需要輝達的 GPU 晶片，而特斯拉雖然生產自家 OS 演算晶片，但大多數 AI 服務業者仍需要輝達的次世代 GPU 晶片，為增設能儲存使用巨大數據的數據中心，三星電子的伺服器 DRAM 與台積電的非記憶半導體也是必要的。

且這些企業為了開發細加工系統半導體，能進行微影加工製造，核心

就是半導體設備「EUV」，而荷蘭的艾司摩爾是製造 EUV 設備的唯一企業，受到台積電與三星電子莫大的青睞。三星電子為了在 2030 年前在晶圓代工領域趕上台積電，目標在 2025 前要引進 100 台 EUV，但目前艾司摩爾的 EUV 生產力卻無法滿足需求，因為艾司摩爾 EUV 生產力在 2021 年僅約 40 台，最嚴重的問題就是艾司摩爾生產的 EUV，大部分都簽約供應給第 1 名的台積電，三星電子與海力士現在仍積極投入確保設備的競爭上。這種獨占技術的企業，就算對全球第 1、2 名半導體企業調漲商品價格，也還是會讓他們排隊等待的超級甲方。

列舉這類企業的特點如下——

- 沒有他們的生產技術，就沒有未來產業。
- 客戶都是全球科技巨頭公司（蘋果、Google、亞馬遜）。
- 因壓倒性的技術力差距，競爭者很少。
- 生產伴隨大規模投資，擁有規模經濟能力。
- 在技術開發上，不停投入 R&D 投資。

獲利
思維

創造性的破壞者透過創新打造全新產業的同時，會形成巨大的附加價值，而對於這類改變遊戲規則者，更是需要能夠實現這些技術的製造企業。

# 第 6 章

# 獲利專家的 5 個
# 企業分析技巧

# （1）從處於成長週期的 下游產業中挑選

如果想推算一家企業未來幾年間的績效，首先要確認其所屬產業的成長狀況。如同前面章節中也提過許多次，挑選出已經進入「長期高度成長區間」的產業後，在其中找出最有競爭力的企業，是最好的方法。

不過，接下來的內容要來談談可以適用在所有產業的案例。首先，為了瞭解產業成長率，重點在於掌握正在作用中的成長動力因素。

## 該產業的商品需求，有持續性嗎？

這個案例前面也曾經提過，在 2014 年至 2016 年間，韓國化妝品產業大受青睞的主要成長原因，是從中國流行 K-Beauty 開始。當時因為韓國影視作品大受歡迎下，韓流的影響擴張到美容市場，在免稅店的韓國化妝品銷售額以驚人的速度增加，甚至出現將韓國免稅店的產品買回中國賣的專門職業代購群（跑單幫），掀起一波熱潮；直到現在，中國仍是韓國化妝品的核心需求者。

像這樣巨大產業變化的徵兆，就算已經不在初期階段，不過只要好好觀察新聞的氛圍就能容易掌握到，這是因為原本以內需為主的化妝品銷售在低成長率的狀況下，出現大量外部需求的同時，就改變了產業的成長地圖。

若能像這樣掌握產業變化原因後，**下一階段的重點就是判斷需求的持續性；要分辨出需求的持續性是暫時性的流行或短的產業週期**，是非常重要的分析要素。

產業需求為「暫時性」的產業，經常能從短暫流行的產品中找到，從食品或服飾產業中來舉例看看。海太製果於 2014 年推出的產品「蜂蜜奶油洋芋片」，是賣到缺貨後、甚至要祭出 1 人限購 2 包的人氣商品；但因為競爭者很快就製作出類似的產品，且餅乾在其特性上很難流行太久，所以可說是暫時性的熱潮，之後想買蜂蜜奶油洋芋片類的零食也隨時都能找到。

仔細看服飾產業也有類似情形，2016 年的冬天特別寒冷，幾個品牌搶先推出長版羽絨外套，受歡迎的程度幾乎可說是高中生們人手一件的「校服」。到了隔年，問題來了，幾乎所有服裝品牌都推出長版羽絨外套而剩下許多庫存，業者們在處理上就遭遇了很大的困難。

## 帶來獲利和需求的商品，是不是容易被模仿？

這種產業的特徵是易於模仿且易於生產，要評估產業是否能獲得因需求增加而帶來長期利益，就需要檢視是否不用大規模投資就能擴大生產力，以及競爭者是否容易擴廠增設。

擁有其他企業無法輕易企及的強大品牌，或者投資規模非常龐大，又

或是因技術能力而有機會進入產業的核心高牆——屬於上述這樣條件的企業，中長期的成長是可期的。

最後，若產業成長，雖然有總是享受到先一步搶占效果的企業，但總會發生成長率趨緩的時候，這是所有產業在經歷活絡階段後，常常會需要面對的問題，**投資人只要在結束增設的時間點，抓住產業週期的高點就可以了。**分析目前為止提到的下游產業時，為了弄清楚是否屬於長期且對股價影響大的情形，希望一定要透過以下的提問流程反覆確認。

〈檢視流程〉找出產業成長因素→判斷需求的持續性→企業的生產能力增設與否→掌握新進或競爭企業的增設動向→判斷產業週期的高點（完成增設時）。

獲利
思維

> 預測企業未來銷售情形時，掌握下游產業成長率是很基本的，此時產業內的需求是否具有持續性，要好好掌握這項重點。

# （2）預測「銷售額」，是成功的第一步

　　開始分析企業財務報表時，銷售額的預測是最為重要的，這是所有企業績效預測的第一步。銷售額的內容有哪些呢？若為製造產品後銷售的製造業，銷售額是產品銷售量（Quantity）乘以銷售價格（Price），這經常以 Q 和 P 來表現。若非製造業而是服務業，就分析服務提供的程度（時間）與服務價格即可，例如娛樂產業、物流產業、顧問業、餐飲業等等，都屬於此類，為了對分析更容易理解，以製造業明確的 P 和 Q 為主進行說明。

## 將所有會影響銷售的條件估算進去

　　首先，以汽車產業為例來看看。現代車的年度生產能力，假設包含海外工廠在內，該公司生產能力約為 500 萬輛，那麼就需要預測實際年度銷售量，此時需要參考現代車內部的目標值，**之後根據實際景氣狀況、新型號的流行與否、與競爭者的競爭程度去做調整。**

因為現在受到 Covid-19 疫情後續影響，全球生產與銷售未能完全恢復，很難看到過去平均銷售輛數 450 萬輛的水準，所以今年（指 2021 年）該公司的銷售輛數，考量零部件不足影響生產速度等等，預估為低於過去水準的 430 萬輛，而該公司工廠產能利用率，雖是比過去要低的 86%，但仍比受疫情影響更甚的 2020 年數值增加了 16%。

像上述這樣透過各種假設，推算該年度的銷售量（Q），並且也盡量合理推測再下一年 2022 年的 Q。

實際上，公司 2022 年的銷售目標可藉由觀察每月銷售數據後去調整，**且必須從是否有對銷售量影響較大的新車發表消息、海外銷售市場是否有擴張、競爭者新車週期是否會造成影響等等**，以多元角度來考慮後，計算隔年的銷售量成長率。

## 打造判斷銷量和銷售動力的洞察力

在前一年度，車輛用半導體不足所導致的生產遞延問題是否解除？今年工會罷工的規模大小等等的各種變數，也需要進放入假設；完成銷售預估值後輸入進各型號中，接著就可以推測平均銷售價格（ASP）。

推測價格的 ASP 比預測銷售量更難，汽車業在「List Price」的公告售價上，會給各銷售商銷售折扣的空間，這會以提供獎勵（補助）的方式補貼價格。這是很聰明的策略，對於賣不太出去的車款就給比較多獎勵以降低庫存，對於賣得好的人氣型號，就可以大幅減少獎勵、賣貴一點。

通常每輛車的獎勵金少則 1,500 美元，多則高達 4,000 美元，像這樣彈性調整獎勵金的同時，就會影響整體 ASP 的價格，所以多多推出有競爭力

的型號且銷售狀況好的話，就可以順理成章地推測價格也會往上升。實際上，現代車集團的獎勵金在美國市場是業界最低水準。

我們可以透過取得現代汽車公布每月各車款銷售數據，來推測庫存水準，考量這點後，將價格變化輸入進獲利預測模型中的話，再將剛剛推算的銷售量和平均銷售價格（ASP）相乘後，就可以推測出銷售額；當然，這裡還需要放入匯率等數據，但基本的銷售額預測到此可算完成。事實上，比起正確地預測該年度的銷售額，判斷未來銷售量是否會成長以及是否存有確實能讓銷售增加的動力的洞察力，是更為重要的。

> **獲利思維**
>
> 推測銷售總額是分析企業績效的起點，必須好好推算銷售量（Q）與銷售價（P）；若為製造業的話，產能利用率會給予許多提示。

# （3）產能利用率會大大地
# 左右利潤

　　如果已經透過相對較合理的假設推算過以上案例銷售額的話，接下來就要推測「利益」，這裡集中討論純粹在營業活動產生的營業利益，以下一一分析評估利益時的幾項決定因素。

## 🏛 ① 基本檢驗：
## 　　注意配息的來源「淨利」

　　雖然是投資人大概都已經知道的基本內容，再簡要地說明的話，銷售額扣除製造成本後，就是毛利（Gross Profit），接著再扣除行銷與未參與直接生產的總公司營業人力等行政管理費用的話，就是營業利益（Operating Profit）。

　　「營業利益」最能表現出一家企業實際的營業活動，與股價相關性高，利益率的推算相當重要，接下來扣除企業的利息費用和外匯相關費用或一次性費用後，就是稅前淨利（Recuring Profit），最後再扣除稅金的數字就

是淨利（Net Profit）。

「淨利」是扣除所有費用後，純粹作為企業的股東權益累積，成為配息的來源，所以相當重要。

從銷售額中扣除各項必須費用的話，就可以得到利益，來看看實際上分析師們最常使用的簡單方法。以上市製造業者為例，銷售品項和商品價格實際上從數十個到數百個之多，所以無法一一計算各項產品的銷售額和成本，計算這個也不會出現更好的結果，所以分析師們會計算平均營業利益率，接著計算讓其更高或更低、相對上較有意義的因素後，反映至毛利率中。

但可惜的是，因為上述程度存有主觀部分，所以每到季底，常會和企業的 IR 負責人邊調整數字邊估算，因此看起來這種困難的作業，一般投資人應該是做不來的。但如果能推估獲利的話，就能帶來絕佳的投資機會，接下來要分享的是證券商分析師也未必知道的利益估算秘訣。

## ② 推估產能利用率：比起銷售額，更要注意利益的實際增減

所有製造業都可以計算出表示生產能力相較實際生產量的「產能利用率」，簡單來說，生產能力是 100、卻只生產 95 的話，產能利用率就是 95%，這部分為什麼重要，是因為企業生產設備伴隨著歸類為「固定成本」的成本。

成本中有提高產量時，會以相同比例提高，像是原物料成本的變動成本，以及即使沒有生產也會發生的工廠固定成本，這裡也包含投入生產的人力成本，即使產量減少也很難輕易解雇的結構上，工廠作業員是最大的

## 【產能利用率上升，帶來節省固定成本的效果】

| 生產能力（1,000） | A | B | C |
|---|---|---|---|
| 產能利用率 | 85% | 90% | 100% |
| 生產額（銷售） | 850 | 900 | 1,000 |
| 變動成本（60%） | 510 | 540 | 600 |
| 固定成本（30%） | 300 | 300 | 300 |
| 成本合計 | 810 | 840 | 900 |
| 利益 | 40 | 60 | 100 |
| 利益率 | 4.7% | 6.7% | 10.0% |

資料：Growth Hill 資產管理

人力成本，也因此知道固定成本的比例非常重要。至於汽車業者的固定成本，推估約在 20%~30% 左右。

了解各產業的固定成本比率的話，根據產能利用率就能推算毛利如何變化，即使沒有公司內部資訊，也能正確計算出毛利率的改善幅度。**產能利用率在季報中會出現，比較和前一季的趨勢即可，以此來推估毛利率的話，很多時候能比 IR 負責人在結算數字出來前，更準確地得知相關數值。**

以假設工廠生產能力是 1,000 的現代汽車為基準，平時產能利用率為 90% 的案例 B 為例，該企業為了生產出 900 的銷售額，假設購入原料使用的變動成本約為 60% 水準（540 ＝ 900 銷售額乘以 60%），此時若只想生產 850，則以同樣的比率 60% 來計算變動成本，投入金額就會減少為 510（＝

850 銷售額乘以 60%）。

相反地，以固定成本呈現的人力費用和工廠基本費用則與銷售額無關，是固定的；此時若假設固定成本為 30%，在該公司平時銷售量的案例 B 中，就可計算出毛利率為 6.7%。

把案例 B 視為一般情況後，假設在某個時間點，現代汽車發生需要召回商品的問題，導致銷售量低迷，那麼案例 A 的生產減少到 850 的話，產能利用率就下跌到 85%。

此時若看毛利率的變化，變動成本因為以相同比例減少，不會影響毛利率，**但固定成本 30%，是就算銷售減少也還是會產生的成本，所以固定成本成為吃掉毛利率的費用**，原本 6.7% 的毛利率大幅下跌到 4.7%。**最終，銷售額看起來雖只減少 5%，但實際的利益卻減少了約 30%。**

相反地來看 C 的情形，假設現代汽車型號大受歡迎，訂單排到好幾個月後，工廠員工收到全力生產的特殊加給後投入生產，所以得以將產能拉到最大。此時產能利用率為 100%，固定成本維持不變的同時，毛利率上升到 10%。**根據產能利用率的不同，增加利益的效果遠比增加銷售的效果來得更大。**

總結來看，我們可以向 IR 負責人詢問目前工廠平均產能利用率是多少？大部分負責任的負責人都需要知道產能利用率；另外，在公司的季報中也常會出現產能利用率相關資料。

分析師不會去問公司下一季毛利率大概會多少，這會違反重大訊息公告，但是產能利用率跟重大訊息公告無關，這是在企業探訪中了解營運是否順利的必備問題。化學、石油、鋼鐵等等產業都有產能利用率，一定要去檢驗這項數字，而固定成本比率則可充分透過製造成本明細算出，以這樣的方法去推算利益的話，會比保守的分析師或是直到結算數字出來才會

知道的 IR 負責人，早一步發覺到更正確的利益幅度變化。這其實是分析的基本，但這樣推估營業利益率的人好像不多。

接下來，讓我們分析「調漲售價」的效果。

## 🏛 ③ 以調漲售價大幅改善毛利

在上述案例中，看了因銷售量增加而帶動產能利用率上升的效果，接下來來分析破壞力更大的手段──「調漲售價」，會如何帶來使績效增加的因素。

如同前面章節要大家關注調漲售價的企業案例，我們分別探討因原物料上漲而調升價格的情形，以及當產品需求大增（如 LV 等精品）後、與成本無關也可調升售價的超級甲方案例。這裡假設製造業以原物料價格上漲的幅度去調漲售價，先說結論，即使用原物料價格上漲幅度去調漲售價，利益和毛利率仍會變好，若調漲售價，相當大部分的調漲幅度會歸屬到毛利率上升中。接著來一個個看其中原因。

下表中的 A 企業生產 1,000 個 1 美元的口香糖，但是假設原料中的橡膠價格上漲 5% 後，售價也調漲 5%，做為參考變動成本（原物料）與固定成本（人事費等）比率各自為 50%。若調漲售價，消費者們一時抗拒而讓銷售量下跌 5% 也是合理的；該公司的銷售額減少 5%、而售價調漲 5%，銷售額為 998 美元，幾乎沒有降低，但是這時因為口香糖原料橡膠的投入量也減少 5%，利益從售價調漲前的 100 美元，增加到 120 美元。

而現在企業主想趁此機會更積極調漲售價，所以往上調漲 10%，假設銷售量並不會大幅減少，為了方便計算，就如同上述案例，固定在「減少5%」。此時參考下表，可看到價格調漲幅度幾乎有 60% 反映在毛利率上，

【原料上漲造成價格調漲後之效果分析】

| 原銷售量1,000個 | 調漲前 | 調漲5%後 | 調漲10%後 | 調漲20%後 |
|---|---|---|---|---|
| 調漲價格 | 0% | 5% | 10% | 20% |
| 銷售額 | 1,000 | 998 | 1,045 | 1,140 |
| 銷售量（假設-5%） | 1,000 | 950 | 950 | 950 |
| 生產費用（-2.5%） | 900 | 878 | 878 | 878 |
| 利益 | 100 | 120 | 168 | 263 |
| 毛利率（OPM） | 10.0% | 12.0% | 16.0% | 23.0% |

資料：Growth Hill 資產管理

銷售額上升 5%（價格 +10%，銷售量 -5%），營業利益就像表中看到的增加 68%、來到 168 美元了。

　　這就是調漲售價的力量，也因此當企業調漲產品價格後，即使原因是原料價格上漲，投資人也一定要進行確認。

## 準備買進的關鍵：產能利用率和價格調漲

　　至於我建議最好不要碰的企業，就是價格受到政府控管的產業，比如韓國電力、KT&G 這種獨占企業或電信公司等等企業，受到政府控管價格，

所以難以預測；而像泡麵這種受到景氣和民生影響物價的產品，連調漲一次售價都非常困難。2021 年第 3 季，農心和三養食品時隔 4 年將泡麵價格調漲 7~8%，Hite 真露則將啤酒和燒酒價格調漲約 8%。

在寫文章的時候（2022 年初）還無法正確預測第 1 季營業獲利，但是推估 Hite 真露的 2022 年第 1 季約為 540 億韓元（註：實為 581 億韓元），若沒有特別成本因素的話，第 1 季的獲利應該會比市場預期更令人驚喜。部分證券商先前低估其獲利，但他們也無法用前述學到的方法，大膽提高營業利益率；比起將固定成本比重、產能利用率和變動成本變化等因素放入模型去計算，他們更依賴公司 IR 負責人的獲利預測，所以才紛紛低估 Hite 真露的獲利預估值。

但是我看過很多連公司 IR 負責人在結算前都還不知道獲利的狀況，所以若能用精密的成本架構不懈怠地進行分析，就能提早察覺到獲利的驚喜或衝擊，而這項作業是分析師應該進行的事，一般投資人若看到價格調漲的新聞出現，建議就應該著手進行投資的準備了。

**獲利思維**

如果能用上述推測企業毛利率的方法，就能比預估獲利的證券商分析師更早猜中獲利驚喜。這裡的推估關鍵是活用產能利用率和價格變數，看到產能利用率與價格上升的企業，就先大膽買進吧！

# （4）利潤高點是出售股票的基準點

　　企業就像馬拉松選手一樣，雖然有很多新生企業，但韓國上市企業中大部分都是 10 年以上的中堅企業，若觀察這些企業過去的獲利水準，就能呈現出當時的營運狀況；**若從企業過去的財務報表觀察，在各種經濟危機或同業火熱的競爭中生存下來的故事，都原封不動藏在其中。**也因此，檢驗下一季的季度獲利雖然重要，但找出該公司長期維持的營業毛利率是多少也很重要。

## 單看一家公司，不如觀察整個產業的成長

　　舉例來說，若看一家企業 10 年間的營業利益率，假設前 5 年間的營業利益率平均在 10% 水準，但某一年毛利率掉到 2% 後、雖然重新回升，但其後數年間都只停在 5% 水準的話，就可以懷疑這家公司是否因為產業有更強大的競爭者而導致銷售減少，或是成本上產生結構性問題。

像這樣 5~10 年左右穩定的長期營業利益率，我們稱之為可持續之營業利益率（sustainable OPM），這種毛利率在估算未來獲利時能成為重要的基準點。作為參考，受景氣週期影響較大的原物料、化學材料和半導體等等企業的毛利率並非可持續的。

那麼，企業的利益高點要如何掌握才好呢？眾所周知，股價是企業利益成長率的函數，當企業利益成長率達到高峰時，大部分會與股價高峰一致。**如果想找出企業成長率高峰的時間點，比起單看企業本身，觀察產業的變化會更有利**；假設發生強烈的需求因素讓整個產業開始大幅成長的話，找出該理由是否能持續以及高度成長開始減緩的事件即可。

再次以前面曾提過高度成長週期的化妝品產業為例，在 2014~2015 年左右，韓國化妝品產業出現爆發性成長，當時很多中小企業即使沒有生產設備，光是把化妝品事業加到營業項目中，股價就會跳躍式的成長。

以當時韓國的化妝品產業，光看內需市場就已經進入成熟期，也就是年度成長率不到 10%，即使透過店面翻新、成長也萎靡不振的時期，突破點就是 K-Beauty 所帶起的海外需求，得力於韓國美妝產品在中國女性中人氣飆升，商品在免稅店以及中國當地代理商的銷售額大幅成長。

韓國美妝產業中具有代表性的企業「愛茉莉太平洋」，當時的獲利以每年 40% 成長。該公司 2014 年的營業利益較前年增加 40%，達到約 6,600 億韓元；2015 年較前年增加 39%，達到約 9,100 億韓元。如同前文所學到的，過去平均不到 10% 的該公司營業毛利率，在 2014 年達到 13%，2015 年更達到 16%！因此在 2014 年初還在 10 萬韓元的股價，到 2016 年暴漲到 40 萬韓元。

在這裡投資人需要確認的是「**像這樣 16% 水準的毛利率，是可持續的營業利益嗎？**」若能守在這個毛利率的水準，該公司的股價或許可維持在

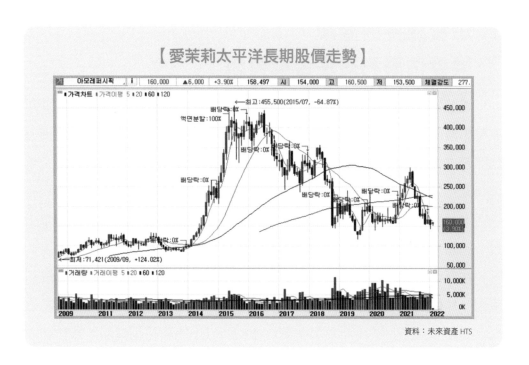

【愛茉莉太平洋長期股價走勢】

資料：未來資產 HTS

某個程度，但若只是不具競爭力的短期成果的話，在當時估值已經超過 50 倍的狀況下，難以維持它的價值。

相對來看，以產品競爭力與高端品牌定位的「LG 生活健康」，海外化妝品銷售就維持得不錯；但是愛茉莉太平洋在 2016 年的高峰過後，OP 毛利在 2016 年下跌到 11%，之後 5 年平均毛利率約 7.9%，可持續毛利率反而還更下跌了。高成長時曾適用高 PER 的該公司股價，隨著成長率減緩也大幅下跌，在這裡雖然有各種理由，包含中國對韓國化妝品的需求多少開始下滑、中國政府也對跑單幫進行控管等等。**但是愛茉莉太平洋相對上比 LG 生活健康更辛苦，是因為在中低價位的品牌中讓出地位給中國競爭商品的緣故。**

# 爆發成長的產業，要評估高利益是否能持續

這種案例不斷重覆，包含 2018 年以賽特瑞恩為首的生技業，2020 年充電電池產業以及 2021 年海運業等等，**伴隨爆發性成長的產業，一定要確認因現在需求高漲帶來的高毛利率和成長率是否能守住**，目前沒看過有哪個產業可以維持 5 年以上的利益高成長，原因大致分為兩個：（1）因現有企業進行增設，而轉為供給過剩，或（2）因新的競爭者進入市場，而發生競爭過熱。

**在產業的高成長期，比起對於股價高估的負擔，更需要觀察產業成長原因、抓住產業高峰在哪。**這裡的重點不是利益絕對金額的高峰，而是成長率高峰，這一點在後面有關企業估值的內容中將會仔細說明。為什麼即使是獲利創新高的企業，也會發生股價砍半的現象？是因為成長率若從高成長掉到低成長，就會適用合理的低估值進行股價調整之故。

那麼最後利益成長率是否為高峰，要看哪一點得知呢？可以從這五項內容來評估——

- （1）檢查競爭企業數量是否多？
- （2）檢查競爭企業是否一起競爭擴廠增設？
- （3）增設的完工時間是在幾年後？
- （4）需求的變化是暫時的還是中長期的？
- （5）股價上漲了幾倍，是否為提前或延後反映？

對此總結答案的話，**如果該產業內競爭者數很多又出現競爭性增設的**

**話，在增設結束時出售該企業的股票為佳！**因為雖然銷售額還是有可能會增加，但也會發生供給過剩導致產品價格大幅下跌的情形。另外，在那之前因先反映市場期待，股價很可能已經上漲許多。

　　需求上，要衡量暫時性的需求並不容易，假如商品是消費財，若定位在不太受景氣影響的高端品牌，且沒有可替代的競爭品牌的話，就能被認可為長期性的需求；相反地，像愛茉莉太平洋的案例，如果是在中高價產品線上，競爭者輕易能透過類似產品造成威脅的案例，就抓住競爭產品越來越多的時間點作為判斷已達高峰即可。

獲利
思維

> 曾經高成長的產業中，利益高峰時常緊跟著大幅下跌的股價，一定要去觀察企業競爭力是否能保證可持續的利益，利益成長率開始減緩的話，在這期間的價值溢價就會化成尖銳的迴旋鏢飛回來打中自己。

# （5）抓住利潤的低點， 就能大賺一筆

　　與前一章節相反，若能好好掌握到產業的低點、而非高點的話會如何呢？當然這是非常困難的事，如果每次都能掌握企業週期低點能力的人，就高機率獲得非常龐大的收益。

　　如果觀察股價特性的話，股價常常早在估值出來前就神奇地開始反彈，例如企業開始轉虧為盈時，上漲 30%；企業利益正常化且估值合理時上升40%，最後比起長期平均利益好很多的最後，再上升 30% ！接著股價週期就結束了，當投資人認為企業利益比過去低（高 PER）而不感興趣時，會有慢慢開始上漲的傾向，所以在初期很難掌握。

## 🏢 後疫情的現在， 正是抓住企業利益好轉的時間點

　　那麼，如何才能抓到企業績效通過低點的時間？

　　首先，集中在企業利益（earning）好轉（turnaround）的企業上，比

起獲利變好的企業,在這裡使用「好轉」這個說法,這指的是一家穩定獲利的企業,因對內外變數造成績效下降後重新恢復的意思。這種產業群的特徵,就像前面提到的一樣,有很多是具有能創造可持續利益(sustainable OP)的公司,需要擁有雖然受到金融危機或過熱競爭等衝擊,但數年內重新回升到正常體力的競爭力。

能確保長期客戶群的品牌企業就屬於這種案例,例如麥當勞,這類品牌因 Covid-19 疫情造成外食減少、連帶麥當勞的獲利也大幅減少,但是這並非麥當勞漢堡的味道或品質下降,也不是行銷上輸給同業。**麥當勞獲利暫時性下跌 20%~30% 時,反而是提供給長期投資的投資者們的絕佳買進機會**;基於已經了解現在變差的獲利可能恢復,而若在 Covid-19 疫情稍微開始恢復的 2020 年 6 月確認後,就買進麥當勞股票,以 2021 年底為基準,就能賺進約 50% 的收益。

這種狀況現在也發生在旅遊業或航空業上,直到 2022 年還是因 Covid-19 疫情獲利大幅萎縮,航空公司或知名飯店等等的企業若能撐下來的話,就有機會獲得股價上漲好轉的機會。

## 🏛 雷曼兄弟危機時買進銀行股,
## 猛賺 100% 獲利!

接著,我分享自己實際的投資經驗為例。當 2008 年金融危機時,韓元兌美元的匯率急貶至 1,500 元,因為發生美元借款到期無法延長就要回收的事件,當時透過外匯貸款籌資 10~20% 的國內大型商業銀行,經歷嚴重流動性危機。

韓國國內首屈一指的銀行全都面臨這個狀況,股價比當時 KOSPI 跌幅

還要大，跌到剩下 1/3，連外資投資人也十分慌亂。我當時任職於富蘭克林坦伯頓投信管理基金，一同參與外資機構投資人緊急向 JP Morgan 倫敦要求召開的電話會議，那時我只好奇一件事，外資大戶的氣氛會放任韓國銀行陷入違約（Default）中嗎？

幸好當時 JP Morgan 投顧負責人與負責銀行的分析師，以對銀行健全性的積極論調，安撫外資機構投資人的動搖，感覺到這股安定時，韓國 1~3 名商業銀行股價淨值比（PBR）是 0.2~0.3 倍的水準，意思就是即使扣除所有負債後，光是剩下的資產，都是目前股價價值的 3~4 倍。

**價值投資的專家坦伯頓就認為，面對當時跌成為銅板價的銀行類股，並沒有避開的道理；我在默默地加碼銀行類股後，結果負責的 Growth 系列基金交出非常優秀的成績**，在納入投資部位後，不到一年的時間，新韓、韓亞銀行等股價都上漲 100% 以上。

當遇到全球性的金融危機時，能創造可持續利益的企業、能提供消費金融必要價值的企業，曾有一度很辛苦，當時在坦伯頓投信，我們稱這類企業為「有特許經銷權價值」的企業，也許是偶然，但麥當勞和銀行，都在全國擁有特許經銷權（分公司）。當然經過了 10 年的現在，全國的分公司都進到全體國民智慧型手機中，把市占率都交到 KAKAO Bank 或 Pay 上了。

## 🏦 特定產業是否已經到了 由低轉高的週期

抓到低點的第二個方法，則是觀察產業特性是會重複巨大產業週期的循環性（cyclical）產業，其中也能抓到低點。例如像是石油化學產業或煉

油業等等，對消費者來說，必要的化學產品需求每年以 2~3% 穩定成長，但是暫時性的需求如果聚集在特定成長國家或特定項目上的話，石油化學製造公司們就會決定擴廠增設，這種週期大致會以 5~10 年為單位發生，會經過如下所述的過程。

企業在 2~3 年期間完成增設後，會因為快速增加的供給，讓產品價格的價差大幅縮小，進入幾年的蕭條期，當時不具備規模經濟的化學業者無法擺脫虧損，股價也一時掉到淨資產價值以下，最後就會發生企業因競爭白熱化導致關閉生產設備或競爭力低的企業因此倒閉。之後面對需求恢復，供給量反而不足，若是撐到最後的企業，就能享受高毛利。

以韓國海運業為例，2016 年韓國第 1 名、全球第 7 名的「韓進海運」，因包含國家政策型銀行在內的債權銀行們中斷支援，宣告破產。雖然企業創業者散漫的經營有其問題，但也因在產業週期上像馬斯克這樣第 1 名的貨櫃船公司低價攻勢造成供給過剩，而韓進海運因高運費的租船合約持續累積虧損。

當時債權團的公司債相關債務共 1.5 兆韓元，雖然看起來可能很大，但再看現在 HMM（舊現代商船）的獲利來看，明顯是做了錯誤決定。HMM 2021 年一整年的營業利益，達到比當時韓進海運正常營運時的市值還要大的 7.3 兆韓元，如果韓進海運因債權團的協助存活下來的話，搞不好就能分到這歷史性獲利的一半也說不定。

當然這雖然是因為全球供應鏈延誤而出現的暫時性利益飆漲，但從整體海運產業來看，已是銜接到供應不足的週期上。

韓進海運的確也曾算是在特許經銷權價值屬性中，擁有品牌價值的公司，但是其所屬的產業本身，最大的問題是景氣變動幅度很大，像韓國的 STX、Pan Ocean 這樣的企業，即使倒閉或被其他公司併購，也是因為屬於

這種強投機週期屬性的關係。

　　最後，要想抓住這種產業週期的低點，可以透過下列方式掌握週期變化的徵兆。

- （1）整體產業在大舉增設熱潮過後，競爭力低的企業開始出現產能利用率下跌或績效疲弱時。
- （2）績效疲弱企業開始倒閉，連產業內其他的優良企業也被波及。
- （3）政府支援與債權團支援，伴隨無償減資或變更大股東。
- （4）因持續虧損而進行除列不良資產等自力救濟。
- （5）虧損雖持續，但虧損幅度開始減少。
- （6）回到正常經營後終於開始產生獲利。

　　**在中間看到這種過程的話，投資人在第五個階段就應該要開始投資，**看到第六個階段後就需要提升投資規模；當獲利規模恢復到危機前的規模時，再把部分收益讓給晚進場的多數投資人即可。

　　即使在這個階段，也能吃得到企業在好轉週期股價上漲的 60~70% 獲利（整體上漲幅度以 100% 來看），投資剩下的部分，在產業因競爭者減少而迎來景氣熱絡時，再慢慢實現套利即可。誰又會知道搞不好又能碰到可成為第 2 的 HMM 般（上漲 10 倍）的上漲週期呢？

獲利
思維

想要抓到股價週期低點的話,就是在有特許經銷權價值的企業進入景氣蕭條期時,或是企業經歷大量競爭週期後,在結構調整中存活下來的時候。在血流成河的地方,就會有獲利。

# 第 7 章

# 估值——
# 這家公司的股票，
# 值多少？

# 高估？錯殺？企業價值
# 要看「必要報酬率」

對於投資人來說，「企業價值」是什麼，又是由誰來決定的呢？無論是正要準備投資，或是已經投資一段時間，但卻未曾想過這個問題的話，現在就是思考的好機會。

所有的財產都具有「價值」，但先不論擁有的是主觀價值、較難定義的財產，先來談談可被計算的債券、股票還有不動產。這些資產的共同點，就是若擁有該資產，就會以利息、配息或月租等等形式，獲得現金流的報酬。

## 保障到期收益率的「無風險」美國國債

債券中，以國家發行的國債信任度最高，我們在管理學書籍中學到的國債，被稱為無風險資產（Risk Free Asset），當然依各國情形也不是完全都沒有風險，但是這裡提到的國債指限於美國政府發行的國債。為了獲得

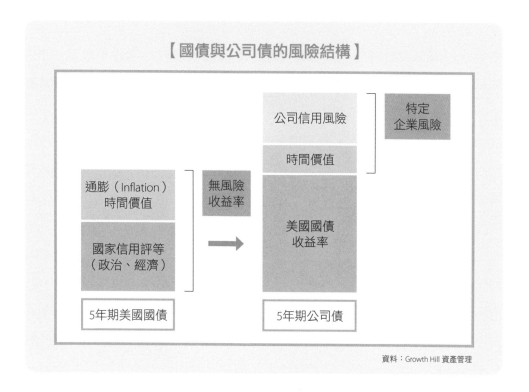

【國債與公司債的風險結構】

公司信用風險

特定
企業風險

時間價值

通膨（Inflation）
時間價值

無風險
收益率

美國國債
收益率

國家信用評等
（政治、經濟）

5年期美國國債

5年期公司債

資料：Growth Hill 資產管理

這樣的地位，除了全球最高的經濟實力外，也要有軍事、政治等所有因素在背後支撐，所以韓國國債雖然信用評等屬於較高的一方，但仍稱不上是「無風險」。

那麼，就舉美國國債為例吧！**現在假設美國 5 年期國債收益率為 1.4% 的話，代表 5 年後、美國政府保障買入國債者每年會有 1.4% 的收益率。**受到美國長期物價、全球景氣的不確定性、經濟成長程度等各種變數影響，國債收益率也會每天變動。

例如，當美國勞工的薪資調漲後，預期通膨率上升的話，國債利率也會同等上升。又，若面臨 Covid-19 疫情或戰爭這種危機的話，就會看到

全球最安全的資產、也就是美國國債的投資需求增加，形成國債價格上漲而國債利率下跌的現象。**把每天變動的美國國債收益率當作無風險（Risk Free）收益率，並且和由企業發行的債券來做比較，就能理解債券市場要求企業的債券收益率。**

例如以美國市值第 3 名的蘋果來說，3 年期債券的債券收益率約為 2.5%，比前面看到的美國國債收益率的 1.4% 還要高出約 1.1%。為何蘋果被要求更高的收益率？原因是雖然蘋果 3 年內倒閉的風險是零，但是比美國政府的信用還要低。

會增加這種信用風險，是最後當蘋果企業在向外部借款時，要追加提供給債券投資人的風險貼水（risk premium，又稱風險溢酬）收益率，以信用評等呈現它的話，蘋果的信用評等是 AA+，而美國國家信用評等是 AAA。作為參考，韓國的國際信用評等，以信用評價公司惠譽（Fitch）的基準為 AA-，可視為國際信評機構認為蘋果比韓國政府擁有更穩定的信用（credit）。依照信用評等不同，要求的收益率也不同，就能用收益率去評價企業的價值。

要說明股票，為何還要特別說明債券收益率？這是因為企業價值的基本概念，就是從這種必要收益率出發；那麼，以下就來說明股票的收益率是如何決定，如果能理解對股票投資所要求的收益率，就能夠更接近合理股價的解答。

## 🏛 股票的獲利期待值，要算入「市場風險」和「企業風險」

以分類來說，股票是風險資產，債券是安全資產，舉例來說，有一家

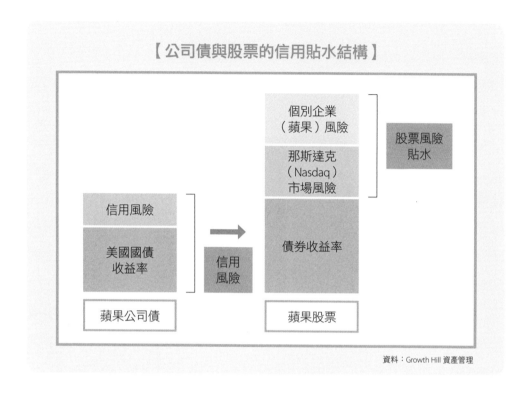

【公司債與股票的信用貼水結構】

個別企業
（蘋果）風險

那斯達克
（Nasdaq）
市場風險

股票風險
貼水

信用風險

美國國債
收益率

信用
風險

債券收益率

蘋果公司債

蘋果股票

資料：Growth Hill 資產管理

A 企業的股票必要報酬率，必須比自家發行的債券收益率還要更高；理由是如果 A 企業走下坡時，**即使會沒有錢給股東（股票投資人），也要先把錢給債券投資人**，如果在到期時無法把錢給債券投資人，企業就會宣布倒閉，所以公司持有的現金，總是債券投資人優先於股東。

另外一個簡單的理由是有約定和沒約定的差別，雖然連優良企業的債券都有價格變動風險，但有到期且也有標示利率時，票息（利息）的支付是已決定好的，只要順利地持有至到期的話，投資收益率就是確定的，這一點也和股票有很大的差別，因為股票沒有所謂「到期」，會受企業績效影響，收益率變動幅度也非常大，所以是不具有約定收益率的風險資產。

以長篇幅說明關於收益的簡單內容，是為了說明投資人追加承擔那種風險時，對此的信用貼水應該要求多少。依據公司債相較國債間的信用差異要求貼水，現在則是需要給出對於與公司債相比所增加風險的貼水，大致可以分為兩種。

**第一，是股市本身擁有的「固有風險」。** 假設來看蘋果所屬的美國股市「那斯達克（Nasdaq）」，美國的股市在全球是最穩定的好市場，收益率也穩定，投資人參與這種市場得期待（必要）收益率約 10% 出頭。其實，從 1926 年到 2020 年為止，來看歷史性平均的話，美國股價指數每年呈現平均約 10~11% 收益率，這可以期待收益率或必要收益率來表現，作為參考，在管理學課本中稱股市所擁有的固有風險為系統風險（Systematic Risk）。

**第二，是該企業本身的風險。** 這是對特定企業的風險比股票市場還要更大的風險補償費用（當然也有風險更小的企業），例如蘋果的風險一定比整體股市的風險更大，美國股市下跌時，該公司的股票也下跌的機率高，上漲時也一起上漲的機率高，但是同時還包含與整體股市不同，只有該公司才有的風險。

例如，新上市的智慧型手機不受歡迎，市占率被其他企業搶走，或因美國和中國間的紛爭，在中國對蘋果的銷售管制可能造成銷售量大幅減少。對於這種企業自身的風險或擁有的變動性，我們會要求追加的風險貼水，**不同於美國股市的走勢、只屬於該公司的變動性幅度稱為「Beta」，如果某個企業股票的 Beta 是 1.2 的話，意思可理解為它比股市劇烈變動程度達 1.2 倍即可。**

總結來說，上市企業股票的風險，須在債券的信用風險上追加更多的風險，所以蘋果股票的期待收益率（必要）基本上高於股市的 10% 收益率，這是因為企業風險是以屬信用風險的債券收益率＋股票風險貼水組成，寫

成算式的話如下圖。

| 蘋果公司的必要收益率 | = | 債券信用風險（2.5%） | + | 市場風險貼水（7.5%） | + | 企業風險貼水（2~3%） |
|---|---|---|---|---|---|---|

這樣推算後，能判斷蘋果目前的市場必要收益率年平均約為13%左右，如果成長大於預期，算式最後的企業風險貼水就會增加溢價，雖然用風險表示可能會讓人混淆，但它也會給出相符合的溢價，最後作為成長率的函數，蘋果的獲利成長預期若增加的話，必要收益率就會更大。

那麼實際上蘋果已實現的收益率如何呢？過去 10 年間，該公司年平均收益率約為 27%，呈現比相同期間美國股市的 16% 更高的成果，這在實際該公司過去 5 年 Beta 為 1.2 的這點上與上述說明一致。

| 蘋果的實際收益率 | = | 蘋果的股價上漲 | + | 配息 | + | 庫藏股獲利註銷 |
|---|---|---|---|---|---|---|

像這樣從必要收益率得到企業價值的分析的確有意義，且各個產業與各個企業都使用不同的風險貼水，這最常是依照企業未來成長性決定，所以對企業的絕對評價其實意義不大，反而是能反映投資人對企業獲利期待的必要收益率才是重要。之後會更深入說明，但要先記住這種必要收益率特徵，是會受到前文所提過的當時國債利率、信用利差、企業獲利預期等等影響，而不斷改變。

## 【蘋果的長期收益率】

| 總收益(%) | 1天 | 1週 | 1個月 | 3個月 | YTD | 1年 | 3年 | 5年 | 10年 | 15年 |
|---|---|---|---|---|---|---|---|---|---|---|
| AAPL | 0.36 | 1.13 | 7.36 | 3.17 | 14.66 | 27.99 | 45.08 | 41.62 | 27.09 | 30.81 |
| Sector | 0.35 | 1.42 | 7.76 | 3.89 | 14.98 | 28.48 | 44.63 | 41.42 | 27.76 | 27.07 |
| Index | 0.40 | 2.20 | 8.27 | 6.27 | 25.42 | 36.20 | 22.16 | 19.97 | 16.37 | 11.05 |
| +/-Sector | 0.00 | -0.28 | -0.40 | -0.72 | -0.32 | -0.49 | 0.45 | 0.20 | -0.67 | 3.75 |
| +/- Index | -0.04 | -1.06 | -0.91 | -3.10 | -10.76 | -8.21 | 22.92 | 21.65 | 10.72 | 19.76 |

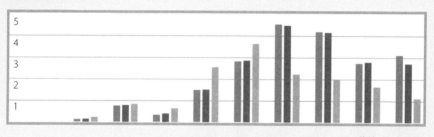

資料：Morning Star

本章雖省略不動產的價值評價，但不論景氣好或不好，我們都應該不帶偏見地思考，為什麼不動產價格會隨著市場的流動性（利率）上漲。

獲利
思維

股票的基本價值，是依照需要該股票的人所要求的收益率決定，細分來看，就是國債的無風險資產收益率＋個別債券的風險＋個別股票風險的總和。

# 估值中，會有絕對價值嗎？

　　基本估值方式中有各種方法，但比起估值基礎的內容，這一章要介紹的是更能好好運用的方法。首先在估值中，需要分成相對價值分析與絕對價值分析；相對價值大致上有兩種方法，首先是分析該企業與所屬產業中的其他企業間相對價值的方法。

## 📈 和同產業的 平均數值做比較

　　例如 A 化學的 PER 是 8 倍，而韓國化學企業的平均 PER 是 11 倍的話，就可以說 A 化學的價值相對被低估；其次是和 A 化學過去估值趨勢做比較，也就是和過去該企業獲利水準在某個程度時的估值進行比較。

　　比起 ROE（股東權益報酬率），用 PER 或 PBR 進行比較，相對更有意義，例如過去 PER 範圍在 8~12 倍交易的企業獲利，過去平均 ROE 是 8%，今年預估 ROE 將達到 10% 水準，如果該企業的 PER 在中間範圍 10 倍上交

易的話，可說與過去獲利相比屬於在被低估的層面，基本上相對評價中經常使用像 PER、PBR、PSR 這樣最容易理解的估值方式，優點是直觀且易懂。

相反地，**缺點就是如果標的企業群的 PER 變低的話，使用產業 PER 評估的這家公司價值也會變低**，這是非常相對的數值，且因為產業內企業的股價也會跟著變動，有著落後的缺點，而比較同一企業過去估值的方式雖然更有意義，但當產業的成長性和過去比起來魅力下降或相反地開始全新大幅成長時，常會出現脫離過去估值範圍的情形，這點也必須要注意。

## 將合理的獲利率<br>轉為現金的估價

那麼比起相對價值分析，來看看絕對價值分析又有什麼不同。

為什麼稱為「絕對價值」，是因為在評價時不和其他指標進行比較，理解為內在價值分析即可。絕對價值的分析，相對上比起用 PER 等等做比較的合理價值（目標股價）來說，變動性非常小，例如現代汽車的企業價值在相對比較中，外國汽車產業平均 PER 從 10 倍上升到 12 倍的話，該公司的目標股價會自然上升；相反，絕對價值分析的現金流量折現法（DCF）方式，因為是預測未來的現金流並全部換算為現在價值以得出內在價值，相對上改變的因素較少。

簡要來看，**絕對價值分析是將未來企業淨現金流以合理的必要收益率轉成現價後計算的價值分析方式**，這與計算店面或建築物、債權價值時使用的方式類似，在企業中使用未來現金流量折現方式估算目前價值，詳細的算式和理論請去參考管理學估值相關書籍。

## 企業的價值 會受到人性的影響

介紹了幾個估值的方法後，以我超過 20 年以上的企業估值經驗，可以告訴各位「企業沒有絕對的估值方法」，因為這會隨著投資人在當時要求的期待收益率，企業估值會因此連動而改變，在經濟高成長的時期，會要求高投資收益率，反之就會滿足於較低的收益率——這就是必要報酬率，要證明的話，找出同一企業的估值歷史變化就知道了。

為了幫助大家更理解估值，來看看除了股票外的其他資產吧！例如黃金，純度完全不會變化，但看黃金價格於幾年間大幅變動的話就能理解，2019 年初曾為 1,300 美元的黃金價格，因為 Covid-19 疫情在 2020 年 7 月衝到 2,000 美元，2021 年底交易則在 1,800 美元水準，**影響黃金價值的因素，是總體景氣經濟與流動性，特別是代表市場流動性的利率和美元價值對其影響最甚**，這對企業估值也有相同的影響。

接著來看帶有月租現金流的不動產或支付利息的債券，這兩項資產全都受到特定時期景氣的影響，特別是通膨、月租與利率，讓價格持續變動。例如在市場利率為 4% 時，出租人的租賃收益率應為 6%，但是在像是利率為 2% 的現在，租賃收益率只要 4% 就足夠。最後租賃收益率在幾年間從 6% 掉到 4%，此過程中該不動產（店面、公寓）的價格出現上漲 50% 的現象，其實從高成長走到低成長之國家，其不動產價格即使在景氣蕭條期也會暴漲的原因也是如此。

總結來說，不管何種資產都不存在絕對估值，其中又以企業銷售與獲利每年大幅變動的股票資產，幾乎不可能找到絕對估值。

企業價值是相對的，比起過去企業平均 ROE，與預估 ROE 比較的
方法相對較合理，而企業價值會隨著市場利率與經濟參與者的必
要收益率去決定。

# 觀察至少連續五年的成長率

　　即便如此，好好了解並活用估值的話，雖然無法找出絕對價值，但至少可以判斷企業價值是被低估還是被高估。被低估企業的股價，即使下跌也不會那麼不安，會成為長期投資穩定堅實的土壤；相反的，被高估的股票實現獲利後，即使之後再上漲也不需要太過心痛了，因為未來某個時間，過度被高估的股價必然會下跌。

## 從預估獲利和成長率，評估合理的「成本回收價」

估值有許多種方法，以下整理各位散戶投資人需要熟知的重點。

接下來會出現讓人頭痛的算術，請忍耐一下，簡單回答以下問題。

【Q】利益以 10% 成長的企業 A 和 30% 成長的企業 B，
合理 PER 各是多少？

假設在 2022 年，兩間公司的預估獲利都是 1,000 億韓元，且目前市值都是 1 兆韓元，所以現在的 PER 為 10 倍（1 兆韓元／1,000 億韓元）。

【A】（並非正確、而是比較接近的解答）2023 年的淨利益，A 公司 1,100 億韓元（＝預估獲利 1,000 億 X 獲利 10%），B 公司 1,300 億韓元（＝預估獲利 1,000 億 X 獲利 30%），期待同樣是 10 倍的 PER 的話，A 公司的目標市值應為 1.1 兆韓元（市值＋預估的淨利），而 B 公司的目標市值應為 1.3 兆韓元（市值＋預估的淨利）。

所以從現在這個時間點來看，B 公司的合理 PER 應該是 13 倍，最後未來 1 年間 B 公司的股價將會上漲 30%。

這個解答並非完全正確，是比較接近的解答，**重要的是 B 公司是否能持續在幾年間保持 30% 的獲利成長率**，在現在的時間點或許難以推估，該產業如果是像例如雲端產業或充電電池產業這樣，可以保證高度且確實的成長性的話，投資人可以視為其獲利能力，至少能確保會有連續 4~5 年的高成長。

### 【連續 5 年、年平均成長 30% 的企業目標價】

市值（億韓元）10,000 ／ 2022 年淨利億 2,000 億／假設 PER10X

| 年度 | 2023 | 2024 | 2025 | 2026 | 2027 |
|------|------|------|------|------|------|
| 成長（30%） | 1.3 | 1.3 | 1.3 | 1.3 | |
| 淨利益 | 1,300 | 1,690 | 2,197 | 2,856 | 3,713 |
| PER | 7.7 | 5.9 | 4.6 | 3.5 | 2.7 |
| 上漲率 | | | | | 371% |

資料：Growth Hill 資產管理

**【PER 要有 50 倍的話，5 年間利益成長率要達到 38%】**

市值（億韓元）10,000

| 年度 | 2023 | 2024 | 2025 | 2026 | 2027 |
|---|---|---|---|---|---|
| 成長率 | 1.38 | 1.38 | 1.38 | 1.38 | 1.38 |
| 淨利益 | 1,380 | 1,904 | 2,628 | 3,627 | 5,005 |
| PER | 7.2 | 5.3 | 3.8 | 2.8 | 2.0 |
| 上漲率 | | | | | 500% |

資料：Growth Hill 資產管理

此時目標 PER 應該要適用多少？假設該公司利益連續 5 年、每年都成長 30%，就會出現如下的淨利益趨勢，3 年後增加為 2.2 倍，5 年後增加為 3.7 倍。

雖然這不太有機會發生，但如果在 2027 年該公司的市值仍然停在 1 兆韓元的話，當年的 PER 就會掉到 2.7 倍。而通常以股市的平均來看，10 倍 PER 是合理的，該年度如果也是 10 倍 PER 的話，該公司的市值為 3.7 兆韓元，應該要較現在市值上漲 371%，這樣的成長在目前時間點如果都能夠被預期（期待）的話，目前該公司的 PER 可以到 37.1 倍，當然應該還要用利息折現現價，但是因為太複雜且數值不大，可以先忽略不算。

## 高本益比的公司，要觀察能否保持成長率

結論上來說，像這樣能保證長期高度成長率的企業，目前平均 PER 約

莫要落在 30~40 倍才對;目前在股市內能找到的企業群中,能有高估值的企業,果不其然就是像電動車用充電電池原料、網路這樣的產業,長期成長性夠高,實際上也獲得高 PER 估值。

如果現在 KAKAO 股票的 PER 為 50 倍,透過計算,可得出該公司股票內藏著未來 5 年內、每年平均利益約成長 38% 的期待。(參考上表)

**即使利益成長率相同,各產業適用的合理 PER 也會出現不同的情況,**依據這是獲利變動不高、且值得信賴的消費財產業,還是週期較大的產業財產業,所適用的估值範圍也不同。例如網路、遊戲和生技等產業,相對上是更高的 PER 倍數,而傳統產業的汽車、景氣類型股,相對上適用較低的倍數。此時一併使用過去 10 年間的估值範圍來看的話比較好,這裡就不過多贅述。

作為參考,因為現金性資產、固定資產等資產價值高,淨利益倍數過高的這些企業,應該額外去看該公司的實質 PBR,而因獲利水準太低,交易才呈現出高 PER 的企業則不屬於此。

獲利
思維

> 估值的計算,根據利益成長率不同,適用的目標倍數值也會不同,長期利益成長率為 10% 的企業適用 PER10 倍,但 40% 的企業 PER 就會以 50 倍計算。

# 算出可以出手的「便宜價」

就像前面看到的，高成長企業適用高 PER，那麼假設 PER 為 40 倍的股票，如何評估開始變貴、必須賣出？

在投資人中，有些人認為 PER 變高的話就要賣出，**但「估值」與其用在判斷高點時賣出，不如用在判斷便宜時買進，會更有效果**；判斷賣出高估值股票或應該賣空的時候另有其他方法，這裡就不討論。

## 連年虧損的新創公司，也能評估未來價值

其實美國的新成長企業中，有很多持續虧損的企業，無法使用 PER，就會在估值上使用 PSR（股價營收比，Price to Sales Ratio），是「市值」除以「銷售總額」的概念，因為虧損導致沒有利益，所以就以 PSR 來代替 PER。但高銷售額的企業長期有所成長時，以利益會發生在未來的概念來說，銷售額的成長性會最高。

例如美國新上市的 AI 相關企業或雲端資安方案企業，以 PSR 的基準來看很多也都超過 50 倍，創新企業也具備高成長的特質沒錯，但這樣的估值仍太高了。作為參考，科技巨頭企業 Google、蘋果、Met 等企業 PSR，約在 5~6 倍左右。2021 年在紐約證交所上市的韓國企業 Coupang，2021 年的虧損規模約達到 1.4 兆韓元，上市當時市值曾衝高到 100 兆韓元，但最後仍馬上下跌了，當然這種企業在上市初期，常因供需被過度高估。**就算是受到期待的新創企業，如果沒有能在未來展現出大規模獲利的核心競爭力，就無法維持高估值。**現在美國市值第 4 名的亞馬遜，曾有 13 年的虧損，2003 年成立的特斯拉則曾有 16 年的虧損紀錄，但差別在於兩間公司都開拓了該產業的新市場後，成為具主導力的企業。

## 🏛️ 想買進開始獲利的高成長企業？ 不能只看本益比

這種高度成長企業的特徵，就是成長速度雖然快，但未來獲利卻難以預測，例如來看看成長企業達成規模經濟後，終於開始獲利的情形。該企業的獲利規模還不大，因此 PER 可能超過 100 倍，現在估值就沒有太大意義；這種企業在 40 倍算便宜？還是 60 倍算便宜呢？這不是隨便就能回答的問題。**如果該企業的核心競爭力或技術力是領先的話，比起現在，就更應該關注它的未來。**

KAKAO 股票就是很適合上述說明的案例。從 2020 年初的 3 萬韓元，到 2021 年上半年股價上漲約 5 倍的 15 萬韓元；以 2020 年年底股價基準，該公司的 PER 為 220 倍（歷經 19 年虧損），當時若執著於數字上的估值而賣出股票的投資人，就會非常後悔。在 2021 年年底，KAKAO 的股價雖

然大幅下跌，但 2 年來的利益上漲 3 倍以上，PER 掉到約 50 倍。

KAKAO 公司的股價下跌的原因，比起企業價值下跌，更是因為將核心子公司 KAKAO 銀行、KAKAO Pay 和 KAKAO Games 等等分割上市，將分割上市的 KAKAO 集團市值全部加總的話，約將近 100 兆韓元。看到這裡應該就可以理解，為什麼兩年前 PER 會超過 200 倍了。

如果光是用一家公司的 PER 或者獲利，判斷跟同產業的平均值相比太高，就賣空或賣出這檔股票的話，事實上就會承受非常大的機會損失；這種如同橡皮筋般高彈性的估值，活用價值就不高了嗎？

## 🏦 股票的估價，最好用在挑出「划算的股價」

比起在賣出股票時使用，估值更需要集中火力在挑選出股價相對便宜的企業。那麼便宜的估值基準是什麼呢？首先，可以簡單地從數字上選出便宜的企業。

### ● 利益成長率 3%、PER8，股價划算嗎？

例如賣披薩的 A 企業，淨利益的長期成長約 3%，目前 PER 為 8 倍，這間企業的股價算便宜嗎？讓我們來計算一下。做為參考，韓國股市過去平均 PER 為 10 倍。

先說結論，並沒有到划算的「便宜價」。

韓國股市的 PER，長期以來的平均值在 10 倍左右，可以說期待在 KOSPI 上市的企業每年可產生 10%（1/10X）的收益，為了產生約 10% 的股票收益，企業必須持續維持 10% 的利益成長，因為需要股價上漲 10% 且利益也上漲 10%，才能維持 PER 10 倍，如果翌年利益沒有成長時，PER

就會變成 11 倍。（當股價上升 10%，100 → 110，若利益跟前一年一樣維持 10 時，PER 就是 11 倍）

上市 A 披薩雖然 PER 為 8 倍，但利益成長只有 3%，不能說是便宜；在安全的債券收益率上加上股票的風險貼水後，股票投資人至少要求 7~10% 的期待收益。**該公司的期待收益率比 KOSPI 的 10% 還低，應該要用比市場平均 PER 10 倍低很多的價格交易，才會有投資魅力。**

看下列算式的話，若這家 A 公司股價跟著 KOSPI 指數上升幅度上漲的話，從第 4 年起就會比 KOSPI 估值還要更貴。

例如：

PER 8 = 股價 100 元 / 淨利 12.5 元

→第一年股價 110 元 / 淨利 13 元 =8.5 倍

第二年 121 元 /13.6 元 =9.1 倍

以這樣來看，每年股價上漲 10%，利益成長 3%，該公司估值超過第 3 年後，跟 PER10 倍相比就更貴。因此與每年成長 10%、PER 10 倍的 KOSPI 上市企業相比，就應該會有折價。

如同上面證明的，PER 估值是成長的函數，前面也提到，**連續 5 年、每年平均成長 30% 的企業，理論上的合理 PER 是 37 倍，所以即使未來利益成長率高，PER 估值若不到 20 倍的股票，就是非常便宜！**

這種現象會發生，是因為投資人還不知道該企業的成長率會有多高，在市場中比較不為人知的中小型股，也常常能夠發現這種機會。有洞察力的各位，如果有比別人更能預測企業利益成長率的能力，就能夠發掘被低估的股票，在達到合理價之前，都能夠享受獨到眼光帶來的高收益。

獲利
思維

不能因為現在 PER 變高，就認為太貴、無條件賣出股票！想用估值找出被低估的企業時，除了目前的 PER 倍數之外，PER 估值在幾年後較市場 PER 下降更快的企業，也可說是被低估的企業。

# 獲利高手避免
# 買在高點的秘訣

投資人認為企業未來能成長多少是最重要的，一度高成長的熱門企業，除了前面看過的理論根據外，因為全部投資人都想買的需求，常常會達到比實際推算估值更高的價值。

## 🏦 獲利創新高的公司，
## 要注意成長率是否下跌

那麼，我所說的 PER30 倍、40 倍，從成長率來看並不貴，到底何時股價才是貴的呢？先講結論，**對利益高成長的預估開始減少的時候**。來看看下列案例。

若 B 企業在 3 年當中，原本能維持每年 30% 的高成長，3 年後因為競爭者的出現，成長率掉到 10%，該公司的估值會如何被評價呢？

來做做看已經很熟練的估值計算吧！例如，市值 1 兆韓元的 B 企業，假設以相當高的可能性，在 3 年期間每年實現 30% 淨利益成長，該公司利

益 3 年後上漲到 2.2 倍、且估值一樣維持的話，市值就會上升到差不多的
規模；B 公司的 PER 理論上會以 30 倍交易，但因為投資人已經對其成長
有高度期待，加上溢價後實際會以 30 倍以上交易，確實這是因為有成長性
的企業不多，所以投資資金才會蜂擁而至。

　　但是過了兩年，競爭者漸漸開始跟上後，投資人得知該公司利益成長
減緩到 10% 的時候，該公司的股價會怎麼樣呢？即使在新聞上用「B 公司
明年度可望再度創下歷年最高獲利」的華麗標題裝飾，但股價已經開始下
跌，一年內砍半的可能性很大。利益成長率在 30% 時，當然可適用 30 倍
的高估值，但減緩且穩定在 10% 的話，PER 就只能給 10 倍了。**再加上曾
經陶醉在高成長率而湧進的投資人，現在都想趕快出場，股價下跌的幅度
就只會更大。**

## 【賽特瑞恩集團的獲利與估值趨勢】

（單位：億韓元，韓元）

| | 2019 | 2020 | 2021 | 2022E | 2023E |
|---|---|---|---|---|---|
| 銷售額 | 11,285 | 18,491 | 19,116 | 22,693 | 25,320 |
| 營業利益 | 3,781 | 7,121 | 7,525 | 8,314 | 9,679 |
| EPS | 2,168 | 3,717 | 4,091 | 4,571 | 5,413 |
| 成長率 | 13% | 71% | 10% | 12% | 18% |
| PER | 80.5 | 94.8 | 48.4 | 34.2 | 29.0 |

資料：賽特瑞恩、Growth Hill 資產管理

## 🏢 當紅的話題股，一定要看「獲利成長率」

本書已經提出多次韓國化妝品產業的案例（從 2015 年到 2017 年的股價變化），除此之外，賽特瑞恩集團的生物相似藥，在成長到全球第一的時候，也發生同樣情況，後來因 Covid-19 疫情的發生，對於開發疫苗與治療劑的期待，讓它再次大幅上漲，但因為是沒有獲利支撐的上漲，股價現在跟高點相比，也跌了 50%。

來看該公司的利益趨勢，股價最高的 2020 年第 4 季，股價 PER 約達 95 倍，當年 EPS 成長率超過 70%，且對其期待很高，所以才有可能實現；但是股價開始下跌，是從 2021 年開始，當時利益成長率在比預估值還低 20%。在前段時間曾快速滲透進歐美而提升市占率的賽特瑞恩，銷售量因競爭加劇與價格下跌而進到停滯的區間，**最後利益雖然持續創新高，但當時卻進入了讓未能出場的投資人非常痛苦的股價區間。**

那麼，現在正呼喊著高度成長的產業是什麼呢？以 2022 年為基準，汽車用充電電池原料企業展現出高銷售額與獲利成長，未來幾年期間的成長看起來相對較為肯定。接到電動車業者大量需求所帶來的訂單，在未來 4 年間實際生產設備（CAPA）約增加 3 倍到 4 倍，如前面增設圖表中所見，**可知道這是較明顯且具體的成長性**，反映出來的狀況，就是充電電池的主要原料業公司交易的股價約在 PER 40~60 倍。

以我來看，這類型企業的成長率會更高，這個估值現在（2022 年初）並不貴，但是就像前文中不斷提到的，當這種高成長企業進到結束增設、且成長率開始穩定的區間，過幾年後估值就會開始變貴，各位在買進前一定要多多注意。

獲利
思維

不錯的股價開始變貴的時間點，就是當成長率的幅度開始停滯的
時候。若是曾經有過高成長的企業，如果不能抓住獲利高峰的時
間點，就可能會蒙受巨大損失。

# 第 8 章

「存股息」和
「賺波段」，都想要！

# 成長股和價值股，獲利方式大不同！

　　股票可分為「成長股」和「價值股」，根據景氣的階段，各家投資公司推薦的類股也有所不同；僅摘要特徵的話，「成長股」說的是比起現在、未來利益會大幅成長的股票，而「價值股」指的是與該公司目前獲利或資產價值相比，是被低估的股票，那麼當然就會有成長股的 PER 和 PBR 較高，價值股的 PER 和 PBR 較低的特徵。

## 🏛 成長股買機會，價值股買穩定

　　為了幫助各位理解，在韓國股市中，現在的成長股包含像是 Naver、KAKAO 這種網路業、遊戲業，與對未來懷有夢想的生技業、充電電池、新再生能源這樣的產業，**其特徵是大部分的企業為了未來的發展，會進行大量投資，比起目前的獲利，在未來會出現更多獲利的企業**，所以屬於成長股的企業也幾乎沒有配息，要等待未來出現大量獲利、不會再大幅成長時，公司才會將累積的現金配息或買入庫藏股。

　　這種企業的特徵，在於比起在 KOSPI 上市的一般企業來說，平均成長率來得高，由於正處於高度成長，**想買進未來夢想的投資人會蜂擁而至，**上漲區間的收益率也會比較好。

　　而價值股則具有相反的性質，價值股成長性雖低，保留利益高且持有很多資產，特點是累積淨資產比市值高，**且創造獲利能力優秀**，PER 常常會比市場平均更低。

　　現在的價值股包含建築業、銀行業、公共事業和汽車業等等，一看就知道大部分都是成長率低但賺很多錢的企業。以現在基準，建築業的 PBR 為 0.8 倍、銀行業為 0.5 倍、汽車為 0.8 倍，換句話說，企業的市值比起扣除負債後的淨資產更被低估。

　　簡單來說，可以想成價值股的大部分企業在清算時，剩下來的錢會比市值還多即可，所以被說是有價值。這種類型的企業，股利發放率高，也持有大量庫藏股。因為資本持續擴大，會形成一個特徵是股東權益報酬率 ROE 會比市場平均更低。從投資人觀點來看，因為這種企業的股價變動性比起成長股低很多，所以很多投資人覺得投資魅力不足。而像美國企業進行大幅提高股利發放率或買進庫藏股註銷的話，隨著 ROE 升高，低估很有可能被解除。

## 注意產業的週期，持股特性會隨之變化

　　如果能理解這種基準和特徵的話，就會知道成長企業不會只停在成長股，價值股也不會只停在價值股。韓國最具代表性的個股三星電子，是成長股還是價值股呢？當然比較接近成長股。但三星電子有時也屬於價值股

的領域，在 2018 年交出 59 兆韓元的歷史性獲利時，三星電子的 PER 曾為 6 倍，PBR 也在 1 倍水準；從 2019 年到 2020 年，當股價一度跌到 4 萬韓元時，三星電子就屬於價值股的領域，但是當半導體企業在半導體產業的週期觸底，2020 年股價超過 8 萬韓元時，三星電子又進入到成長股的領域。

如果 KAKAO 或 NAVER 有一天停止成長，沒有可投資的地方且持有許多現金性資產時，這種企業就會脫去成長股的外衣，變身為價值股，那時企業的估值會比現在低更多；當成長股像這樣停止成長且獲利累積的話，就會轉變為價值股。

最後想為大家說明何謂「成長價值」的意思，英文是 Growth Value，這是我在任職於以價值投資聞名的富蘭克林坦伯頓（Franklin Templeton）時常用的單字，將現在雖然不屬於價值股、但假設在 3 年以後會成為價值股的企業，稱為成長價值股。例如，現在 PER 為 15 倍，比 KOSPI 市場還高，但 3 年後獲利成長 3 倍的話，PER 成為 5 倍的企業就屬於這種類型。

當然，想要挖掘出這種企業會需要強大的洞察力與努力，且若能挖掘出這種企業，收益率實際上也會很驚人，理解這種 Growth Value 的話，就能說已經完全理解成長股與價值股了。

獲利思維

區分成長股和價值股後，再來建立投資組合吧！如果能找出本章節所介紹，具有成長價值的企業，你已經可被稱為投資高手了。

# 持股類型和比例，
# 要隨景氣高低改變

有趣的是，分屬於價值股和成長股的企業，依照景氣階段不同，也會獲得完全不同的評價。價值股在利率往上走的局面，會比成長股展現出更好的成果；成長股在利率往下走的區間，會比價值股呈現更好的成果。

其實同一家公司的業務與利益沒有什麼變化，但為什麼價值股和成長股的績效，會根據利率週期而有不同的評價呢？這可從理論和供需兩者來說明。

首先從理論開始準沒錯，如同前面提過，屬於價值股的企業，其利益在現在和未來都沒有太大的差別，已經呈現低 PER 股票該有的高獲利，利益成長率比成長股還低；相反地，屬於成長股的企業，幾年後的未來獲利會比現在還要大。

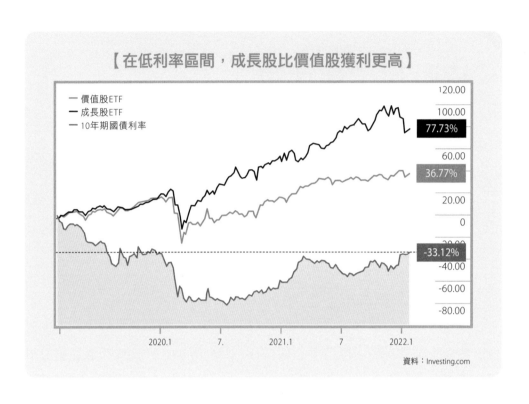

【在低利率區間，成長股比價值股獲利更高】

- 價值股ETF
- 成長股ETF
- 10年期國債利率

77.73%

36.77%

-33.12%

資料：Investing.com

## 利率越高、景氣越好，成長股的獲利越少

　　管理學中提到的「企業價值」，是將未來會發生的所有現金流（利益）加總後，帶到目前時間點的價值，所以當未來的利益換算到現在價值時，就會加上利率的折價，越久遠的未來發生的利益就折價越多，換算到現在的價值就會變少，可理解為就像現在擁有的 100 萬韓元，與 10 年後收到國民年金 100 萬韓元的價值是不同的。

　　為了方便理解，來看看下列算式。

　　A 公司 5 年期間的淨現金流，假設為 100 萬韓元，要求出企業價值，

為了幫助理解，極端假設利率為 0%。

$$100 + 100 + 100 + 100 + 100 = 500$$

以這次案例來看，利率為 3%。

$$100 + \frac{100}{1.03} + \frac{100}{1.03^2} + \frac{100}{1.03^3} + \frac{100}{1.03^4} = 472$$

當然利率高的時候，企業的現在價值就會下跌。

第二部分來反映成長股企業和價值股企業的獲利特徵後折價，假設價值股如下約成長 5%。

**價值股**A　　$100 + 105 + 110 + 115 + 120 = 550$

雖然成長股假設約 20% 的成長，但實際利益的總和計算為與價值股相同。

**成長股**B　　$70 + 90 + 110 + 130 + 150 = 550$

如果此時利率為 0%，兩間企業的價值都同樣為 550，但是若在利率向上區間且達到 3% 的話，可從以下算式看到，成長股 B 的價值就會變得比價值股 A 還要低。

$$價值股A \quad 100+\frac{105}{1.03}+\frac{110}{1.03^2}+\frac{115}{1.03^3}+\frac{120}{1.03^4}=481$$

$$成長股B \quad 70+\frac{90}{1.03}+\frac{110}{1.03^2}+\frac{130}{1.03^3}+\frac{150}{1.03^4}=412$$

最後結論得出，成長股在利率越高的時候，企業價值會越低。

因為景氣轉好、且對錢的需求增加，在利率向上的區間中，價值股獲得超額收益的傾向就比成長股明顯；相反地，景氣變差且利率變低的時候，成長股就會比價值股展現更高的投資收益。

## 景氣走弱的低利率時期，大家都想買成長股

雖然上述基本理論是最強而有力的理由，但實際上成長股在低利率時會獲得高估值的原因還有一個，這就是供需關係。在成長股主導市場的局面中，如前所述是景氣不好的時候（低利率），但是細數在市場中的成長股數量和價值股數量的話，會發現對景氣敏感的產業更多，這是因為不景氣下，獲利在未來高度成長的企業也不怎麼多。

例如網路、遊戲和生技製藥這類企業群，特徵是即使現在景氣大幅走弱，實際利益也不怎麼受到影響，相反地，景氣進入蕭條期的話消費減少，像 IT 家電產品、汽車和衣服這樣的消費財，以及與企業投資相關性高的機械、鋼鐵、化學這種中間財的需求大幅縮減，若看這類企業的數量，屬於成長股的產業確實比較少，**因此大部分的投資人會避開績效變差的景氣循**

**環個股，全都聚集到獲利成長穩健的成長股**，也因資金的湧入，成長股的稀有價值就隨之升高，因此在形成高股價的同時也會發生估值升高的現象。

最終理論與供需都會對成長股與價值股產生影響，這就是全球投資的現象，所以要充分理解這種現象，甚至最好盡量記下來。

> 獲利
> 思維
>
> 成長股在低利率區間會交出比市場更高的超額收益，而在高利率的區間則是價值股交出超額收益，這是全球性的現象，希望可以好好在各種利率區間使用。

# 利用人性恐慌的反向投資指標

股票投資的困難點在於，除了企業本身，連股市也時常在進化。過去許多經濟學者不停為打造領先於股票指數的指標做出許多努力，如果有正確答案能賺到錢，又有誰不想試試看呢？即使現在能使用 AI 演算法與最好的電腦資源持續進行多樣的投資，但長期來看成功的模型卻是極少數。

## 買賣股票的是「人」！
## 善用投資者心理的獲利秘訣

事實上，美國 MIT 理工大學數學博士詹姆斯 · 西蒙斯（Jim Simon）的文藝復興科技公司（Renaissance Technologics），曾有過超越市場在數年內收益率成長到 40% 左右的紀錄，當然這個模型在 Covid-19 疫情爆發的2020 年也曾出現最低績效。

即使數學家打造出最新精密的預測模型，股市還是會在超出某個範圍時，不受控制地脫離到其他方向，最終能夠領先股市的指標，一直只有股

市本身。這種諷刺的情形，是因為參與者們（投資者）集體的想法馬上會反映在市場，而這個想法也是基於預測所產生，當然先行性就只會大，因為如此，即使照著許多股票專家的建議去做，還是會在市場時機上出現失敗的狀況。

例如在年初展望中，大部分證券商喊著上高下低，但結果卻是上低下高，所以想強調相對上時機並不重要，要集中在作為利益基礎的企業競爭力上。

當然，即使「投資在企業獲利變好的股票上」是機率最高的觀念，但即便獲利創新高或超過分析師預估，獲利公布後股價馬上下跌的情形也非常多，這也可能是因為在我們不知道的時候，有些人已經先知道並搶占股票，或者是下一季預估績效關注方向改變，例如有週期的產業，包含化學、鋼鐵等等原料產業，因為每天公布原料價格，若價格產生不確定性的話，下一季的績效再怎麼好，仍會發生通過高點轉跌（peak-out）的情形，而半導體產業的股價先行於績效最多到 6 個月。

整體市場都出現壞消息、但股市仍上漲，真的會讓人覺得荒唐，例如2020 年 Covid-19 疫情爆發後，同年度 9 月當時美國的確診人數創下新高，但美國市場在當年度 3 月觸底後，於 9 月創下疫情前的新高價，最終因為股市走勢難以預測，這時必須超越前面強調的總體經濟、企業利益和估值，要理解到參與者們的投資心理。

當然，要找出各式各樣的市場參與者投資心理的平均期待值是非常難的，但是幸好有能估測出恐慌或貪婪有多少反映在市場上的工具，接下來就要介紹可以有效反映出投資心理的指標（雖然是玩笑的，不過各位現在可以去招喚那些很會馬後炮的朋友或友人來看看）。

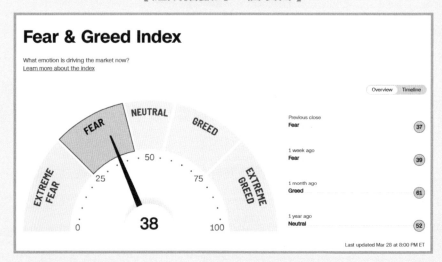

- **股價動能**：S&P 500 與其 125 天移動平均線
- **股價強度**：紐約證交所中觸及 52 週高點與低點的股票數
- **股價價格廣度**：上漲與下跌的股票交易量的差額
- **Put/Call 期權**：Put/Call 期權的比率，用來比較看漲 Call 期權的交易量和看跌 Put 期權的交易量
- **垃圾債券需求**：投資等級債券與垃圾債券的收益率價差
- **市場波動率**：VIX 指數，衡量波動率
- **避險需求**：股票與國債的收益差異

資料：CNN

## CNN 恐懼與貪婪指數（Fear & Greed Index）：在他人恐懼時貪婪

這是在大家都很熟悉的 CNN 網站上就可以輕鬆搜尋到，呈現出恐懼與

貪婪的心理指標，**絕對數值若在 20 左右的話，就是投資人感到極端恐怖的區間，而超過 80 的時候就是被貪婪支配的區間**，將 7 個項目平均後算出，其中尤其是 Put-Call 期權比重或市場波動性部分值得單獨摘錄觀察。

這項指標好的部分是可一起呈現出趨勢，**比起絕對數值，更適合用來看趨勢**。以下圖表是我將該指數與 S&P 500 5 年以上的走勢圖進行驗證，無須自己親身經過痛苦的驗證過程，能馬上分享結論。

首先，建議不需使用數值高的貪婪指數，該指數在恐懼狀況時最準確。**例如在 20 以下的極度恐懼（Extreme Fear）持續兩個月以上的話，差不多就要買進股票了，雖然不常發生，但此時獲利的機率非常高。**

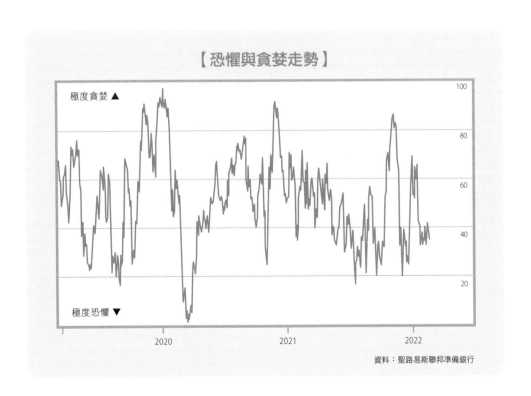

【恐懼與貪婪走勢】

資料：聖路易斯聯邦準備銀行

因為恐懼的關係，這時候投資人不會持有股票，而當充分理解那些不好的事件且感到厭倦時，投資心理就會恢復，接著就開始忙著補滿股票帳戶。在 80 以上的極度貪婪（Extreme Greed）情形，**雖然貪婪在很高的程度，但股價不會下跌，用來判斷投資心理屬於過熱即可。**在極度恐懼中還要等待兩個月的理由，是因為從經驗上來看壞消息需要時間充分去反映。

## 花旗驚奇指數： 經濟指標超出或低於預期多少

該指標是由美國花旗證券所公布，依時間序列出經濟指標預測值與實

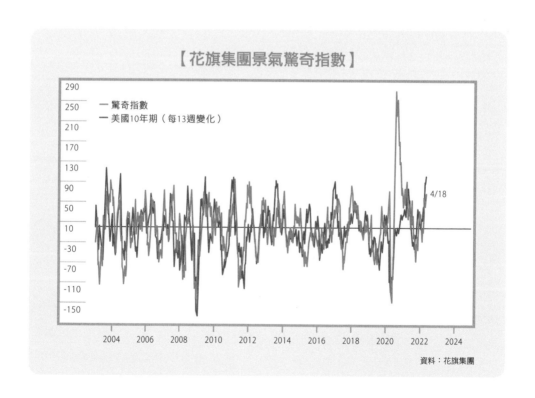

【花旗集團景氣驚奇指數】

— 驚奇指數
— 美國10年期（每13週變化）

4/18

資料：花旗集團

際值差異的指數。與其說這是心理指標，不如說是更能很好地呈現經濟指標超出預期多少或低於預期多少的指標，可以從網路搜尋得到。

花旗集團
經濟驚奇指數

觀察的方法是這樣，如果驚奇指數大幅上升的話，**雖是正面，但持續出現驚奇、造成線圖都在高點的話，就有必要注意景氣動能**。比起單獨使用，這是眾多可用來參考的景氣指標之一，作為參考，跟美國 10 年期一起作圖的話，會發現轉折點非常類似的關聯性。

## 📚 Google 趨勢：關鍵字的搜尋統計

這是可以掌握大眾心理或關注公司之統計趨勢的指標，搜尋 Google 趨勢（Google Trend）或入口網站的搜尋趨勢，輸入有興趣的關鍵字，就會出現搜尋頻率，這特別是在觀察壞消息被反映的程度時很有用。實際例子就是 2021 年大眾擔憂實為減少過度釋放流動性的縮減購債（Tapering：Fed 縮減購買債券的規模）時，「縮減購債」的搜尋頻率就大幅上升，當時也是短期性的股市低點，最終那時縮小流動性成為大多數證券影片的話題，**在大家都很擔心的時候，就是買入股票的時機，可透過 Google 趨勢得知**，該指標也可以互相比較關鍵字，在總統選舉前，比較大選股也會出現有趣的結果。

## 📚 人類指標（Human Indicator）：
## 當身邊所有人都開了證券戶

以前曾有句格言，「證券公司的客戶區，如果出現帶著小孩的媽媽或

和尚的話，就趕快把股票全部出清」（也就是擦鞋童理論），絕對不是在誹謗特定階層，但這句話也沒錯。這種現象代表的是連對股票最沒有興趣的一批人，都很明顯地投入股市，代表大部分的投資人都已經買了股票。

雖然是有趣的故事，但現在無法參考、也不正確，因為所有人都可以透過電腦或手機，線上使用股票帳戶交易，且現在資訊傳遞快速，幾乎所有階層的人都能夠投資股票。

我雖然也曾研究新開證券戶的增減數，但因為只要在公募股申購前帳戶就會急遽增加，很難找到比較大的意義。客戶劃撥款是唯一的統計，但也會因公募股和買進股票而減少，所以不太具意義。

從結論來看可能像是玩笑話，但身邊如果有一、兩名馬後炮型的朋友也不錯。這些人中有些真的很保守且信念強大的人，我曾經想要阻止，但在指數因 Covid-19 疫情跌到 1,500 以下後，馬上就有久未聯絡的朋友打來說要買反向（Inverse）指數，雖然當時還沒到要開始買股票的程度，但我仍建議對方，韓國股市絕對不能因為被低估就去買反向，最後那位朋友賠錢虧損後才認同我的說法。

這就是因為平常不懂股市的變化有多快速才會發生的事，很抱歉要以我的岳母為例⋯⋯但這也是跟那位買反向的朋友類似。2021 年初，我接到岳母詢問要不要買三星電子的來電，因為 2021 年 1 月左右是在 9 萬多韓元的高點，所以在討論後，建議她慢慢買進或先買原本預計數量的一半就好，但我的感覺是，能夠進到股市的投資者大部分都已經進來了。

像這樣誰都可以，**就連常說「股票的風險太高」、看起來不會買股票，只投資不動產的朋友，都開始推薦要買哪支股票的話，那才是要好好仔細思考的時間點。**

並不是說誰就沒有判斷的能力，而是原本對股票非常保守的態度卻突

然改變，那不就像全部的人都參加舞會，但卻不知道結束的時間嗎？做為
參考，投資大師華倫·巴菲特，在 2000 年給股東的信中，就以股市就像懸
掛故障時鐘的舞會來舉例，警告大家若不看時鐘、只沉浸在舞會裡，在所
有人要退場的時間就會被絆倒。

獲利
思維

掌握投資人的投資心理會很有幫助，特別是恐懼到達頂點時，就
會有很多投資機會，希望各位可以多多運用上面介紹的人性心理
指標。

第 **9** 章

建立多元的
投資組合

# 除了股票之外，
# 可以投資的「安全資產」

本書基本上是有關股票投資的書，但想要好好理財，不能光靠股票投資。除了股票之外的資產，有不動產、債券、數位資產（虛擬資產）、美元定存、黃金 ETF、藝術品、著作權等等，非常多種，大部分人都是依照年齡和偏好，利用這些資產來建立自己的投資組合；當然，要建立從企管學中學到的最佳化效率的投資組合，是不可能的，**但是針對各資產的特徵與不同的景氣循環階段中有利的資產，來進行適當配置且調整比重的話，就能在防守虧損的同時，又能增加自己的資產。**

## 為什麼高利率的時候，
## 不要投資房地產？

在第三章的「從剛出社會到準備退休都適用的資產配置」一節中，曾仔細說明過，但這邊來談談能更直接運用的方法。首先，將資產分為安全資產與風險資產的話，大致分類如下。

> **安全資產**：黃金、美元、債券
> **風險資產**：股票、虛擬資產、投資不動產

　　我們能確實知道今天的利率，雖然景氣難以預測，但即使晚一、兩個月，也能從中得知成長率是否減緩或正在上漲中；有個簡單的方法可以讓各位評估，當利率低時，有利的資產其實就是風險資產，「利率低」指的是在市場上的現金流動性很高，同時景氣當然就不會是好的局面。

　　此時，傳統上像是不動產與股票這種資產的收益率就會好，要注意的是，在這裡所提到的利率低，並非「利率往下走低」，而是已經充分走低之後、不會再更低的情況。

　　若是商用不動產或投資型不動產，會用投入資本與月租的比例當作收益率，是跟債券同樣的概念。用 A 投資了 10 億韓元的店面來舉例，假設他用自有資金 5 億韓元與從銀行用 5% 利率籌資的 5 億韓元買進，A 會要求多少的收益率呢？

　　如果銀行貸款利息 5%，而自有資金的機會成本是 3%（儲蓄時）的話，這間店面至少要有 4%＝（5%＋3%）/2 的收益率，意思就是至少需要收取 330 萬韓元的月租金；但是如果經濟狀況大幅衰退，假設利率跌一半，此時 A 的必要收益率會掉到只要有 2%＝（2.5%＋1.5%）/2 就可以。

　　像這樣期待收益率降低的話，原本只關注每年有 4% 以上的房租收益的投資客，就會開始覺得每年 3% 收益率的不動產也很有魅力，這樣的人變多的話，不動產價格就不得不往上漲了。

　　通常月租不會有太大變動，所以 4% 的收益型不動產想要變成 3% 收益型不動產的話，該不動產的價格只要上漲 33% 即可。也因為這種現象，讓

韓國過去 10 年來在走向低成長、低利率的過程中，住宅價格快速地上漲。作為參考，日本的狀況是住宅價格在結構上已經不會更往上漲，這是因為利率等被堵在低成長上且已經沒有循環了。

不知道以上理論性的說明是否能幫助各位理解，但簡言之，**單純就是在利率往下走的區間，不動產的價值會上升**，這比說因為現金流動性變得豐富這種模糊的說法還要更有邏輯；相反地，在利率結構往上走的區間，投資不動產的魅力就會削減。

## 黃金和債券的買賣時機

雖然這種機制也同樣作用於其他類型的風險資產，但多少有些不同。

【股票】：價格不會像不動產一樣停著不動，而是隨著企業的快速成長後刷新；獲利成長率高的企業，其股票不管在高利率或低利率都不受影響，但是連成長率不高的企業都包含在內的股市大盤指數，就會受到利率影響。前章已經詳細地分析過，要隨利率週期去調節股票持股部位的比重，這裡就不再贅述。

【黃金】：是一項能在通膨時期發揮效力的資產，通膨來臨的話，因為政府會上調政策利率並追求物價穩定，所以高利率的區間與黃金收益率偏向一致，但是黃金並不像企業會配息或有像企業利益一樣的現金流，所以黃金的變動性比各位認為的還要來的更高。

回顧過去 10 年，黃金價格從 2012 年初曾是 1,750 美元，下跌到 2016 年 1,050 美元，2022 年 4 月又漲到 1,980 美元的水準，跟美國聯準的資產在這段期間釋出約超過 7 兆美元相比，顯得微不足道。

【債券】：如果投資策略是持有債券至到期的話，在高利率（票息）

時買進才有利，相反地，如果是要做債券交易的話，要在利率下跌時期買入，從價格上漲來看才有利，所以比起在利率剛開始上調沒多久的現在買進債券，在利率比過去平均還要高的區間再買進才好。

以美國 10 年期債券為例，如果能買在 3% 水準的話就能成為好的投資人，債券在景氣開始變差的時候買入，就會帶來良好收益率，但大部分是買進公司債，而這時因為高收益債券非常危險，所以必須以投資企業中現金流優良的債券為主。另外，比起直接投資債券，資產管理公司因為擁有長短天期與利差等多種投資策略，在債券型基金上進行長期投資的話，獲利也值得期待。

獲利
思維

除了股票外，依照各種資產的特徵去建立投資組合的話，就能有效降低資產的風險、有效增加收益率。例如，在覺得利率已因為政策而上升到頂之後，把債券追加進投資組合的話，也會成為不遜於股票的優質投資內容。

# 虛擬資產是未來的趨勢

在 2022 年年初，虛擬貨幣全球代幣的市值（market cap）達到 2 兆美元（黃金為 11 兆美元，不過虛擬貨幣在 2023 年 1 月腰斬至 7900 億美元），全球共有 2.2 億人持有加密貨幣（crypto）。在韓國以 4 大交易所數據來看，持有比特幣的帳戶數達 770 萬戶，持有虛幣的成人人數可能就快超過未持有的人了。

展現去中心化價值的虛擬貨幣，即使在各國政府的管控下仍持續擴張，原本努力進行管制的政府，現在也已經跨越到管理的階段，除了像中國一樣的中央極權統治國家外，大部分國家目前都正在讓虛擬貨幣制度化與穩定。

像這種漸漸變得重要的資產，若不把它納入我們現有投資中的各種傳統資產中，未來就很難說這是完整的投資組合。我初次認識並買進比特幣是 2015 年，在韓國只有唯一一間叫做 Korbit 的交易所；投資業做久了，只要有新技術或創新產業出現時，就會很想嘗試看看，不過當時只有小買了不到 100 萬韓元左右的比特幣。

當然，也在上漲時就賣出了，之後也有 2017 年買在高點，晚一步投入更多資金後虧損的經驗。從結果來看，擁有的加密貨幣資產金額雖然不大，但在這個過程卻也認識了虛擬資產。現在很多人持有虛擬貨幣，理解程度也非常高，但是在波動性大的當時，認可虛擬貨幣為資產並公開推薦持有的話得要非常小心，除了是波動性大的風險資產外，因為可使用虛擬貨幣的地方也並不多，才會受到更多的攻擊。對於脫離資產管控的金融，政府當然不得不採取管制，因為連當時的投資大師們，也批評虛幣是沒有利益或配息等基本面的資產。

我有機會在媒體或網路頻道受訪時，都會提到一點，**即使只有一小部分，也應該要把虛擬貨幣納入投資組合中**，以後也會持續如此；但是合理的投資比重是占個人金融資產的 5~10% 左右。

以下是 4 個虛擬貨幣受到批評的主要理由，一一為各位說明。

## ① 投機性與變動性太大

變動性大是虛擬貨幣最大的缺點、也是最大的風險。比特幣的年度供應量（挖礦量）每年不過 2~3% 而已（黃金每年挖礦量為 3%），且未來供應的量也已經定下，所以比起每次金融危機時動員印鈔的政府，以長遠來看，比特幣反而更穩定。

如前所述，大多數投資人相信很安全的黃金，其變動性也非常大。2000 年初曾為 200 美元的黃金，在 2010 年上升 9 倍，3 年後又下跌了近 40%，但是誰都不會說投資黃金太過投機而加以反制，就連全球最有公信力的貨幣美元，價值在過去 100 年期間也消失 98%，像戰爭或金融危機這樣的政治或制度失敗，都是用美元印刷機去阻止的，**比特幣雖然會因需求**

者之間的供需，讓價格產生很大的變動，但不管發生什麼，它都只會供給約定的數量（比特幣最多 2,100 萬枚）。

　　雖然是相對較近期的事，但比特幣被發行成期貨和 ETF，開始在制度圈中交易了，變動性也會開始減少，而這具有重大的意義，使得原本機構投資人因為會計原則或者在章程上未能被歸類於「可投資標的」的這些資產（虛擬貨幣），變得可以投資。

　　資產管理公司和銀行等的金融機構，目前還不能直接投資虛擬貨幣，因為可以透過 ETF（加拿大）或期貨替代進行投資，所以需求也漸漸開始增加。可直接買進比特幣的美國 ETF 目前尚待核准，而除了像特斯拉這樣由創業者掌控的年輕企業之外，美國市值名列前茅的企業，大股東們都是金融機構投資人，我認為虛擬貨幣未來也會在投資組合中漸漸占據重要的角色，這時變動性也會減少。

## ② 虛擬貨幣有「基本面」？

　　想想看，100 美元的鈔票，成本是多少？再想想看比特幣的成本。從成本來考量，挖礦所需要的專用伺服器與系統再加上比重最多的電費，比特幣的成本其實比美元鈔票高出 1,000 倍以上。

　　此外，採礦困難度會越來越高，成本也只會不斷增加，比特幣的基本價值不就至少應該超過挖礦成本嗎？（2023 年以來，比特幣每顆挖礦成本在 1 萬 9 千至 2 萬 7 千美元之間波動，比特幣 / 美元則在約 1 萬 6 千至 3 萬美元之間）

　　這是成本的概念，而實際上，比特幣或以太幣的基本價值，可以說是成為建立如區塊鏈這種生態系的角色，也是讓貨幣成為宛如身體中的血液

那樣不可或缺的一部分。舉例來說，我們若是打造新的元宇宙（區塊鏈）世界，在那裡，物理性的虛擬空間、企業與使用者（user）還有商品，都存在於線上世界中，想讓這個全新社會得以運作，就要像現實世界一樣，（1）購買數位商品時，需要能夠明確地移轉所有權，（2）需要使用簡單且有公信力的貨幣。而能做到這個角色的，就是可以證明所有權的數位貨幣。

## ③ 可使用的方式少， 只仰賴價格上漲的系統？

過去或許是這樣，但遊戲道具、NFT 藝術商品等等已經在線上活躍地被交易。從 2021 年起，隨著一邊玩遊戲一邊賺代幣的遊戲（P2E）增加，虛擬貨幣正以驚人的速度打造其專屬的經濟系統。根據路透社的市場研究資料，2021 年 NFT 交易規模約為 250 億美元，預估這在未來幾年間會成長數倍。

為何路透社對於 NFT 的交易成長性如此樂觀？**因為導入代幣貨幣系統的線上遊戲，在全球遊戲中還占不到 1%，且線上許多可複製（copy-paste）的數位資產，透過 NFT 所有權證明，真正開始被賦予全新價值的元年就是 2021 年**，現在可以說是出生之後開始學走路的階段。

像這樣在線上的以太幣和各種遊戲相關代幣如 Axie Infinity（AXS）、Sandbox（SAND）、Decentraland（MANA）、Bora（Bora）等等，各種線上遊戲代幣的出現，大幅擴張了虛擬資產使用的地方。

代幣的使用將不只侷限在線上，把比特幣換成 Pay Coin 後，就可在實體使用的加盟店家已經有很多了，現在 DANAL 發行的 Pay Coin，在韓國國內所有便利商店通路中，都可以像現金一樣結帳，特斯拉可用比特幣購

## 【各領域加密貨幣使用金額】

| Characteristic | 2018 | 2019 | 2020 | Decemer 2, 2021 |
|---|---|---|---|---|
| All | 36.77 | 24.02 | 66.78 | 11,809.82 |
| Collectible | 13.86 | 2.71 | 16.45 | 6,271.11 |
| Art | 0.05 | 0.45 | 17.11 | 198.52 |
| Game | 5.19 | 11.59 | 15.26 | 956.52 |
| Metaverse | 16.35 | 5.38 | 15.97 | 388.79 |
| Utillity | 1.29 | 4.11 | 2.41 | 65.23 |
| DeFi | 0 | 0 | 0 | 19.56 |
| Undefined | 0.03 | 0 | 0 | 2,123.41 |

資料：Statista

車也已經不是話題了。Pay Coin 是由電子支付專業企業在經營，在結帳的時間點就馬上能換匯為韓元，所以幾乎沒有代幣價格波動風險。

上表為各種可使用虛擬貨幣的通路分類，如 Cryptopunk 這種收集品，規模最大、透過全球最大交易所 OpenSea 等地方就可交易；其次是藝術品交易量，藝術家會透過 Nifty Gateway 或 Foundation 等等的專門網站交易作品；現在交易量看起來還很小的遊戲（Game）或元宇宙（Metaverse）的交易金額，預估未來幾年間會有驚人成長。

## ④ 使用上不方便？

比特幣無法做為交易用虛擬貨幣廣泛使用的理由，是因為證明所有權的時間要花太久，手續費也非常昂貴，所以比特幣不是交易用貨幣，而是視為像擁有保存價值的黃金一樣的數位貨幣。

另外，**買進其他各種虛擬貨幣時，也常以比特幣為基礎交換該幣，最終比特幣就像全體虛擬資產母親般的角色**，同時也是減少變動性並維持虛擬貨幣系統安定的角色。這種交易用途不足的缺點，由於以太幣等適合各種交易生態的多種替代貨幣出現，已經解套了。

那麼想想看，這種虛擬資產是否沒有風險？當然是伴隨各種風險，也曾有因被駭客攻擊而讓交易所關門大吉，或持有的比特幣都被搶走的情形，但重要的是，比特幣本身或生成過程中，從未有被駭入的情形，那都是在交易所伺服器資安薄弱或沒把資產保存在自己的電子錢包時才會蒙受損失。

但這就跟錢放在不良銀行中被駭客攻擊沒什麼兩樣，要說有風險的話，就是科技進步導致的部分，如果現在各國開發中的量子計算機（Quantum Computing）技術商用化的話，就能以比現在快一倍的演算能力，在短期間將剩下的比特幣全都挖出後獨吞，屆時就可以對所有線上網路系統進行駭客攻擊，所以銀行、企業與政府機構的資安體系，也會需要大規模的模式變化。

上述的內容中，以批判和辯護的兩種角度，對虛擬貨幣未來進行了稍長的說明。不過目前虛擬貨幣仍難以成為完整的資產群或仍有變動性等等不便之處，但是回想網路剛開始普及、智慧型手機帶來手機革命的時候，我們都快速地適應了，虛擬貨幣將超越單純投資資產，在不久的將來，就會跟現在人人不離身的手機或信用卡擁有一樣的地位。

虛擬貨幣的種類大幅增加，不只可使用的地方變多，非同質化代
幣（NFT）也是影響虛擬貨幣的未來核心腳色。但因為是變動性很
大的資產，所以跟股票一樣，投資人也需要有「鑑別力」才是。

# 買入 ETF，
# 不能只靠「定期定額」

　　我們以股票投資為主進行了討論，除此之外，也簡單的提及了目前各式各樣的資產，現在讓我們來認識有助於輕鬆地將這些資產建立到投資組合中的 ETF，這是為了投資人能輕鬆投資標的資產而打造出的基金，所以選擇 ETF 的組成內容是最重要的。

　　前面對於債券、股票、產業以及虛擬貨幣都已經詳細說明過，**根據景氣週期，該增加或減少何種資產比重等**，大部分都已經涵蓋在內，在此會依各種景氣階段，將值得期待的產業群以 ETF 標的進行區分，並整理在下表。

　　景氣階段的分類是依照物價和經濟成長率為基準進行，與景氣相對較無關的產業群則另外整理。建議大家，若將未包含在下表的 ETF 作為預備投資的目標，可以參考以下的內容後再思考是否投資。

　　ETF 的類型有很多，如果能了解不同類型的建構方式，就能更有效地配置資產。基本上常常出現的槓桿或反向這種衍生型 ETF，一定要了解其優缺點，此外，也會介紹透過組合槓桿與反向的 ETF 類型，能達到即使不出售持股也能輕鬆降低組成比重，是十分有效的策略。

## 【各景氣階段值得關注的 ETF 類型】

| 階段 | 關注 ETF | 原因 |
|---|---|---|
| 物價上升期 | KODEX 黃金期貨、TIGER 農產品期貨、KODEX 大豆期貨、TIGER 黃金銀期貨、KODEX 國債期或反向 | 對物價上升、利率上升有利 |
| 物價下跌期 | TIGER 美國 MSCI REITs、KODEX 高配息、TIGER 全球 BBIG | 對解除通膨、成長股有利 |
| GDP上升期 | KODEX 銅期貨、KODEX200、TIGER 短天期先進高收益 | 對大宗商品、股票、公司債、景氣敏感股有利 |
| GDP下降期 | KODEX 高配息成長債券混合、KODEX 美元期貨、TIGER 景氣防守債券混合、KBSTAR 中天期優良公司債 | 對景氣防守股、配息股、債券有利 |
| 無關景氣週期 | 大信日經期貨 ETN、KODEX 歐洲碳排放權期貨、Global X Uranium | 相較景氣波動，為長期主題式資產 |

資料：Growth Hill 資產管理

## 衍生型 ETF：不適用於長期投資

　　槓桿型 ETF 和反向型 ETF，是最具代表性的衍生型 ETF。槓桿型 ETF 如同字面意思，就是該資產的漲跌幅是以倍數波動，例如交易量最多的 KODEX 槓桿型 ETF，就是以 KOSPI 漲跌幅的 2 倍在波動的商品，基金管理公司的商品說明如下：「以 KOSPI 200 股價指數為基礎，將每 1 單位淨

資產價值的每日波動率，連動為基礎指數每日波動率的正向 2 倍，操作該投資信託資產。」

在此要注意的重點，是若在穩定上漲的指數中，大部分都能跟著 KOSPI 指數一起上漲，但指數漲跌劇烈時就會產生乖離，有可能會出現虧損。如同前述定義中看到的，追蹤每日波動率的 2 倍，假如指數先跌 10%、再上漲 10%，隨著原指數波動的 KODEX ETF，100 的本金就會先跌到 90 後，再變成 99；而槓桿 ETF 若在先跌 20%、再漲 20% 時，100 本金就會先跌到 80 後，再漲成 96，**即使指數前後漲跌幅相同，槓桿型的虧損還是會更大。**

更重要的是，假設指數在上漲到 20% 的區間中，並沒有太大的波動、穩定上漲的話，就會獲得 40% 的收益，但如果上漲的過程中重複多次漲跌才到達 20% 的話，跟原指數相比，就會像上述試算的結果，實際上是無法跟上指數的漲幅。投資人在買入之前必須要認知到，**槓桿型 ETF 在短期區間會是很好用的策略，但若要用於長期投資，就會是非常不利的商品**，另外 KODEX 槓桿型 ETF 的年度管理費約 0.64%，這點也需考量進去。

反向型 ETF 結構也非常類似，但它的收益結構與 KOSPI 波動率是反方向，就像槓桿型商品一樣，也有追蹤 2 倍的「KONEX 200 期貨反向型」，同樣因為從波動性來看損失會很大，所以並不推薦用於長期投資。基金管理公司的商品說明如下：「該投資信託的淨資產價值之每日波動率，是以追蹤 F-KOSPI 200 指數每日收益率的反向 2 倍（-2 倍）之收益率為交易目的，以 KOSPI 200 指數相關衍生性商品與集合投資基金等納入投資組合，需要時會活用借券等其他有效率的方法。」

ETF 基金管理公司為達投資目的會使用各種方法，事實上，要確實地追蹤指數的 2 倍是很困難的。

## 活用反向型 ETF：
## 市場有風險、想降低持股比重時

即使如此，我還是認為在短期資產配置上，反向型 ETF 是相當有效率的資產。假設 A 在股票帳戶中持有 90% 的股票，如果發生市場暴跌的風險，他想將股票持有比重降到 50% 時，A 就要賣出將近 40% 的股票，但金額越大、越難一次賣出。

相反地，若 A 如果知道如何活用反向型 ETF，賣出 20% 的持股、再買入 20% 反向型 ETF 的話，同樣是將股票比重降到 50%，但只要減少一半的股票即可。（股票 90% → 賣出股票 20%& 買入反向型 ETF 20%、現金 10% ＝股票曝險 50%），**這個策略在因持有股票位於虧損區間而難以賣出的狀況，或是想盡量減少賣出持股的同時、讓資產配置一步到位上，是非常有用的策略。**

若加上槓桿型 ETF 來運用，事實上即使個人持股連 1 股都沒賣出，也能夠大幅降低比重。下列圖表是說明運用衍生型 ETF，連 1 股都無須賣出，就將個人 100% 的股票比重一次降到 25% 的策略。

機構投資人通常會管理大概 100 億韓元以上龐大的基金資金，此時如果一次性將持有個股賣出的話，對整體基金收益率帶來負面影響，也會花很多時間，若使用這種反向型 ETF 策略的話，可以節省許多成本和時間。事實上，那些大規模的基金公司，都用成本較低廉的股價指數期貨為主要避險目的來使用。

槓桿型 ETF 也是一樣的，若判斷指數跌幅夠大、且已經充分到低點，押寶在 2 倍上漲的話，比起投資個別股票，是能將企業和產業的風險排除，僅集中在系統風險（市場風險）上的策略。但我想再次強調，**不管在什麼**

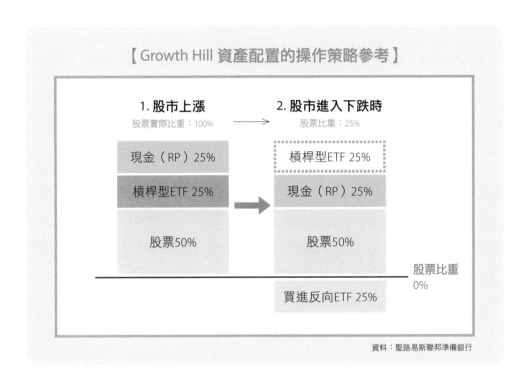

【Growth Hill 資產配置的操作策略參考】

1. 股市上漲
股票實際比重：100%

2. 股市進入下跌時
股票比重：25%

現金（RP）25%

槓桿型ETF 25%

股票50%

槓桿型ETF 25%

現金（RP）25%

股票50%

股票比重 0%

買進反向ETF 25%

資料：聖路易斯聯邦準備銀行

**情況，槓桿型商品只用在短期投資。**

作為參考，韓國法規規定，想交易有風險的槓桿型 ETF，需要在金融投資教育院官網修習不到 1 小時的簡單線上教育，有些投資人會覺得這個課程很煩，乾脆就不交易槓桿型 ETF 了；不過，這是非常簡單的培訓，就算暫時沒有計畫要買入，即便當作單純學習的角度，也建議修習看看。

## 產業 ETF：
## 注意產業的週期輪替和熱議中的主題股

產業類股 ETF 依照產業別、主題別區分，有非常多種類，所有產業

在各種情況下，只要發生週期進入擴張期的話，此時就投資該產業的產業 ETF 即可，接下來則介紹幾個目前值得關注的主題式 ETF。

## ● 氣候變化概念 ETF：可朝國外的太陽能等相關 ETF 投資

以納入 KRX 氣候變化解決方案指數的 40 檔個股為主所組成，個股選擇的主要基準，首先是與「碳排放減少」有直接相關的企業，也就是與碳排放相關技術優良或有專利的企業，這邊包含了 5 檔被動型 ETF 與 1 檔主動型 ETF，共設有 6 檔相關 ETF。要注意的是，「主動型 ETF」是買賣納入指數中的個股且同時也會持續重整的 ETF，但同時手續費也會較高。

主要個股包含 Eco Pro BM、三星 SDI、韓華 Solution 等充電電池、新再生能源、電力技術等減碳相關個股，與 LG 化學、三星電子、SK 海力士等持有相關專利的個股。不管怎麼說，大企業比重高，比起純粹氣候變化，企業所屬產業的影響更大，難以視為真正面向氣候變化的 ETF。

即便如此，會先介紹這種主題式 ETF 的理由是希望在投資 ETF 前，絕對不要只看 ETF 的名字就投資，**重點在於檢視組成的企業和比重，並掌握在何種情況下會對 ETF 的收益率產生影響。**

想投資真正的氣候變化主題的話，倒不如考慮海外 ETF，直接投資在太陽能、氫氣相關或碳排放權等主題的 ETF 更好，若比起碳中和相關 ETF 的話，這種 ETF 更符合氣候變化主題。

## ● 碳排放權 ETF：以歐洲市場為大宗

碳排放權 ETF 是投資在碳排放權本身的商品，碳排放權為排放包含二氧化碳等六大溫室氣體的權力，企業在一定期間產生的排放量比分配量多

## 【主要氣候變化相關 ETF】

**氣候變化解決方案 ETF**

| 基金管理公司 | 商品名稱 | 信託本金金額 | 總報酬（績效報酬） |
|---|---|---|---|
| KB 資產運用 | KBSTAR KRX 氣候變化解決方案 | 80 億韓元 | 0.30（0.25） |
| NH Amundi 資產運用 | HANARO KRX 氣候變化解決方案 | 80 億韓元 | 0.25（0.21） |
| 未來資產 資產運用 | TIGER KRX 氣候變化解決方案 | 700 億韓元 | 0.09（0.069） |
| 三星 資產運用 | KODEX KRX 氣候變化解決方案 | 500 億韓元 | 0.09（0.049） |
| 新韓 資產運用 | SOL KRX 氣候變化解決方案 | 80 億韓元 | 0.15（0.109） |
| Time Folio 資產運用 | TIMEFOLIO 碳中和主動型 | 200 億韓元 | 0.80（0.69） |

**碳排放權 ETF**

| 基金管理公司 | 商品名稱 | 信託本金金額 | 總報酬（績效報酬） |
|---|---|---|---|
| 三星 資產運用 | KODEX 歐洲碳排放權期貨 ICE（H） | 300 億韓元 | 0.64（0.58） |
| 新韓 資產運用 | SOL 全球碳排放權期貨 HIS（合成） | 80 億韓元 | 0.55（0.48） |
| 新韓 資產運用 | SOL 歐洲碳排放權期貨 S&P（H） | 100 億韓元 | 0.55（0.48） |
| NH Amundi 資產運用 | HANARO 全球碳排放權期貨 ICE（合成） | 80 億韓元 | 0.50（0.41） |

\* 台灣讀者可用同樣概念評估國內的主題式 ETF。

資料：傾向新聞

的話，就必須要購買差額的碳排放權。韓國國內的 4 檔 ETF 全部主要投資在歐洲碳排放權市場，投資在碳排放權期貨市場的 ETF 如下，幾乎沒有太大的差別：三星資產運用的「KODEX 歐洲碳排放權期貨 ICE」、新韓資產運用的「SOL 全球碳排放權期貨 HIS（合成）」與「SOL 歐洲碳排放權期貨 S&P」、NH Amundi 資產運用的「HANARO 全球碳排放權期貨 ICE（合成）」等。海外 ETF 中，投資於碳排放權最具代表的就是 KraneShares Global Carbon Strategy ETF。

## ● 娛樂 ETF：注意成分股的內容為何

　　若想投資在娛樂相關產業的話，最具代表性的就是 KODEX 媒體與娛樂 ETF 以及 TIGER 媒體內容 ETF。從 2021 年開始從韓國的 K-POP 熱潮，到 K-Drama 主題，在全球享有競爭力。多虧像 Netflix 和 Disney + 等全球 OTT 平台企業，若想對此加碼投資的話，TIGER 媒體內容 ETF 看起來更合適，若將成分股與 KODEX 媒體與娛樂 ETF 比較的話，前者以網路遊戲為主要投資組合，相反地，音源與戲劇這種文創內容在 TIGER 中佈局更多。提醒大家，即使是類似名稱的 ETF，也要一一確認成分股的內容。

> 獲利
> 思維
>
> 好好活用上市 ETF，就能建立多元的投資策略，打造在各個景氣階段都能獲利的「全天候策略」，資產配置上也方便。而主題式 ETF 也要注意，就算看起來內容相仿，也要仔細確認成分股的內容。

| KODEX KRX 氣候變化解決方案 ETF 個股 | | TIMEFOLIO 碳中和主動型 ETF 個股 | |
|---|---|---|---|
| 個股名稱 | 比重（%） | 個股名稱 | 比重（%） |
| 三星電子 | 7.72 | GS 建設 | 8.30 |
| 韓華 Solution | 7.65 | 三星電子 | 7.50 |
| 三星 SDI | 6.48 | 韓華 Solution | 7.40 |
| LG 化學 | 6.36 | Eco Pro BM | 6.82 |
| 現代汽車 | 6.01 | SK 海力士 | 6.59 |
| Eco Pro BM | 5.79 | LG Innotek | 6.52 |
| POSCO | 4.75 | LG 化學 | 5.63 |
| 起亞 | 4.47 | 三星 SDI | 5.59 |
| 現代摩比斯 | 3.73 | DL E&C | 5.44 |
| CS Wind | 3.44 | 現代汽車 | 4.37 |

資料：各公司

| KODEX 媒體與娛樂 ETF | | TIGER 媒體內容 ETF | |
|---|---|---|---|
| 個股名稱 | 比重（%） | 個股名稱 | 比重（%） |
| NAVER | 20.21 | SM | 11.11 |
| KAKAO | 15.82 | JYP Ent. | 10.96 |
| NC Soft | 10.26 | HYBE | 9.85 |
| Krafton | 9.49 | CJ ENM | 9.51 |
| HYBE | 9.18 | Studio Dragon | 9.15 |
| Netmarble | 8.20 | YG Entertainment | 8.41 |
| 珍艾碧絲 | 3.67 | WYSIWYG Studio | 7.52 |
| KAKAO Games | 3.39 | CJ CGV | 5.92 |
| WEMADE | 2.35 | Contentree | 5.35 |
| 第一企劃 | 1.93 | Dexter | 3.69 |

資料：各公司

# 獲利冠軍的價值股交易法則

挑對主流產業的業內人選股門道，跟著全球主力的投資邏輯
順勢買賣，安心布局致富未來

作　　者：金兌洪
譯　　者：李于珊
責任編輯：賴秉薇
封面設計：萬勝安
內文設計、排版：王氏研創藝術有限公司

總 編 輯：林麗文
副 總 編：梁淑玲、黃佳燕
主　　編：高佩琳、賴秉薇、蕭歆儀
行銷總監：祝子慧
行銷企畫：林彥伶、朱妍靜

社　　長：郭重興
發 行 人：曾大福
出　　版：幸福文化／
　　　　　遠足文化事業股份有限公司
地　　址：231 新北市新店區民權路
　　　　　108-3 號 8 樓
網　　址：https://www.facebook.com/
　　　　　happinessbookrep/
電　　話：(02) 2218-1417
傳　　真：(02) 2218-8057

發　　行：遠足文化事業股份有限公司
地　　址：231 新北市新店區民權路
　　　　　108-2 號 9 樓
電　　話：(02) 2218-1417
傳　　真：(02) 2218-8057
電　　郵：service@bookrep.com.tw
郵撥帳號：19504465
客服電話：0800-221-029
網　　址：www.bookrep.com.tw

法律顧問：華洋法律事務所　蘇文生律師
印　　刷：中原造像股份有限公司
電　　話：(02) 2974-5797
初版一刷：2023 年 5 月
定　　價：420 元

Printed in Taiwan　著作權所有侵犯必究
【特別聲明】有關本書中的言論內容，不代表
本公司／出版集團之立場與意見，文責由作者
自行承擔

獲利冠軍的價值股交易法則：挑對主流產業的業內人選股門道，跟著全球主力的投資邏輯順勢買賣，安心布局致富
未來 / 金兌洪著；李于珊翻譯 . -- 初版 . -- 新北市：幸福文化出版：遠足文化事業股份有限公司發行 , 2023.05
　面；　公分
ISBN 978-626-7311-05-9( 平裝 )
1.CST: 理財　2.CST: 股票投資
563　　　　112004437

# 讀者回函卡

感謝您購買本公司出版的書籍，您的建議就是幸福文化前進的原動力。請撥冗填寫此卡，我們將不定期提供您最新的出版訊息與優惠活動。您的支持與鼓勵，將使我們更加努力製作出更好的作品。

## 讀者資料

●姓名：_____　　●性別：□男　□女　●出生年月日：民國____年____月____日

● E-mail：_____

●地址：□□□□□_____

●電話：_____　手機：_____　傳真：_____

●職業：□學生　　　　　□生產、製造　　□金融、商業　　□傳播、廣告

　　　　□軍人、公務　　□教育、文化　　□旅遊、運輸　　□醫療、保健

　　　　□仲介、服務　　□自由、家管　　□其他

## 購書資料

1. 您如何購買本書？□一般書店（　　　縣市　　　　書店）

　　　　　　　　　　□網路書店（　　　　　書店）　□量販店　□郵購　□其他

2. 您從何處知道本書？□一般書店　□網路書店（　　　　　書店）　□量販店

　　　　　　　　　　□報紙□廣播　□電視　□朋友推薦　□其他

3. 您購買本書的原因？□喜歡作者　□對內容感興趣　□工作需要　□其他

4. 您對本書的評價：（請填代號 1. 非常滿意　2. 滿意　3. 尚可　4. 待改進）

　　　　　　　　　　□定價　□內容　□版面編排　□印刷　□整體評價

5. 您的閱讀習慣：□生活風格　□休閒旅遊　□健康醫療　□美容造型　□兩性

　　　　　　　　　□文史哲　□藝術　□百科　□圖鑑　□其他

6. 您是否願意加入幸福文化 Facebook：□是　□否

7. 您最喜歡作者在本書中的哪一個單元：_____

8. 您對本書或本公司的建議：_____

_____

_____

23141

新北市新店區民權路 108-3 號 8 樓

**遠足文化事業股份有限公司　收**

用一檔基金, 幫客戶狠賺近**50**%！

# 獲利冠軍的
# 價值股
# 交易法則

解析巴菲特的價值投資策略,
讓散戶輕鬆複製平均年化報酬率20%的複利心法

資深國際機構投資人 **金兌洪**
김태홍／著　李于珊／譯